JN103560

文字・語彙・文法
Vocabulary / Grammar

読解
Reading

聴解
Listening

JLPT N3

全科目攻略！

日本語能力試験ベスト総合問題集

Succeed in all sections!

The Best Complete Workbook for the Japanese-Language Proficiency Test

五十嵐香子 Kyoko Igarashi
金澤美香子 Mikako Kanazawa
杉山舞 Mai Sugiyama

全科目攻略！JLPT 日本語能力試験ベスト総合問題集 N3
Succeed in all sections! The Best Complete Workbook for the Japanese-Language Proficiency Test N3
2021年12月 5 日　初版発行
2024年12月20日　第5刷発行

著　者：五十嵐香子・金澤美香子・杉山舞
発行者：伊藤秀樹
発行所：株式会社 ジャパンタイムズ出版
〒102-0082 東京都千代田区一番町2-2
一番町第二TGビル 2F
ISBN978-4-7890-1783-1

First edition: December 2021
5th printing: December 2024

Narrators: Erika Umeda, Mai Kanade, Shogo Nakamura and Takuma Kono
Recordings: The English Language Education Council
English translations: EXIM International, Inc.
Vietnamese translations: Nguyen Phuc Minh Tuyen
Chinese translations: Yu Nagira
Russian translations: Sabina Zabirova
Illustrations: Eriko Ishibashi
Layout design and typesetting: DEP, Inc.
Typesetting: Soju Co., Ltd.
Cover design: Shohei Oguchi + Ryo Misawa + Tsukasa Goto (tobufune)
Printing: Nikkei Printing Inc.

Published by The Japan Times Publishing, Ltd.
2F Ichibancho Daini TG Bldg., 2-2 Ichibancho, Chiyoda-ku, Tokyo 102-0082, Japan
Website: https://jtpublishing.co.jp

ISBN978-4-7890-1783-1

Printed in Japan

はじめに

Preface

本書『全科目攻略！JLPT日本語能力試験ベスト総合問題集N3』は、日本語能力試験N3の合格を目指す日本語学習者のためのドリル問題集です。全科目をバランスよく、計画的にしっかり学べる内容になっています。また、科目ごとにまとめてありますので、苦手な科目を集中的に練習することもできます。

各問題の形式は過去のJLPTに実際に出題されたものを参考にしました。語彙や文型は一般的なN3レベルに準じていますが、比較的解きやすい問題から難易度の高い問題までをそろえることで、N4に合格したばかりの学習者から、N3の勉強を一通り終え、試験直前の腕試しをしたいという学習者まで幅広く対応できるようにしてあります。著者一同、日本語学校での教授経験や試験の作問経験をもとに、推敲を重ねて練り上げた問題です。また、初めてJLPTを受ける学習者にとってもわかりやすいように、各科目の初めに例題とともに、問題を解く際のポイントなどをまとめました。これらはJLPT対策の授業を担当される先生方にも、役に立つ内容です。

本書がN3合格を目指す方やN3レベルの日本語を教える先生方の手助けとなる一冊になれば幸いです。

また、本書を出版するにあたり、的確なアドバイスをくださったジャパンタイムズ出版日本語出版編集部の皆さんに心から感謝いたします。このほか、本書の作成のためにご協力くださいましたお一人お一人に厚くお礼申し上げます。

2021年11月　五十嵐　香子
金澤　美香子
杉山　舞

もくじ | CONTENTS

本書の特長と使い方

本書は、①本冊、②別冊、③音声、④解説の４つで構成されています。

① 本冊

問題

日本語能力試験N3と同じ形式の問題が以下の構成で収録されています。各週、５日分の問題があり、12週間で完成する構成になっています。第１週１日目から順番に進めてもいいですし、苦手な科目だけを選んで解いてもいいでしょう。また、第１週から第12週までの１日分の問題をまとめて解けば、１回分の模擬試験のように使用することもできます。

それぞれの科目ごとに目標解答時間を設定してありますので、見直しも含め、この時間内に解き終わるようにしましょう。（聴解は目標解答時間はありません。）

【問題の構成】

● **言語知識（文字・語彙・文法）編**
- 第１週　漢字読み・表記
- 第２週　文脈規定・言い換え類義
- 第３週　用法・文の組み立て
- 第４週　文法形式の判断・文章の文法

● **読解編**
- 第５週　内容理解（短文）
- 第６週　内容理解（中文）
- 第７週　内容理解（長文）
- 第８週　情報検索

● **聴解編**
- 第９週　課題理解
- 第10週　ポイント理解
- 第11週　概要理解・発話表現
- 第12週　即時応答

※実際の試験の出題順と異なります。

例題と解き方

言語知識編、読解編、聴解編の初めに、問題の解き方を例題付きで解説しています。問題を解き始める前に、ここで解き方のポイントを確認しておきましょう。

言葉を覚えよう

N3レベルに必要な言葉のリストです。言葉を増やすのに役立ててください。

② 別冊

問題の解答一覧と、聴解問題のスクリプトが収録されています。スクリプトの中で、問題を解くのに重要な部分には下線を付けました。

③ 音声

聴解問題の音声は以下の方法でダウンロードできます。音声は無料です。

・右のコードを読み取って、ジャパンタイムズ出版の音声アプリ「OTO Navi」をスマートフォンやタブレットにインストールし、音声をダウンロードしてください。

・パソコンの場合は以下のURLからmp3音声をダウンロードしてください。

https://bookclub.japantimes.co.jp/jp/book/b593577.html

ジャパンタイムズ
BOOK CLUB

④ 解説

問題の解説はPDFファイルで提供します。右のコードを読み取るか、以下のURLからジャパンタイムズBOOK CLUBにアクセスしてダウンロードしてください。

https://bookclub.japantimes.co.jp/jp/book/b593577.html

Features and Usage of This Book

This book consists of four learning resources: a textbook, a supplement, audio files, and commentary.

① Textbook

問題 Exercises

This book presents exercises formatted in the same style as the test items appearing in level N3 of the Japanese Language Proficiency Test (JLPT), in the composition shown below. Five days' worth of exercises are provided for each week of this course, which takes 12 weeks to complete. You can choose to start from the Week 1, Day 1 exercises and sequentially work your way through the book, or you can skip the easier test sections to focus on just the ones that give you the most trouble. You can also do one day of exercises from each of the 12 weeks to practice the equivalent of one full JLPT.

A target completion time is set for each section other than Listening, so try to pace yourself to finish each section within that target, including the time you need to go back over your answers.

Composition

● **Language Knowledge (Vocabulary / Grammar)**

Week 1	Kanji reading / Orthography
Week 2	Contextually-defined expressions / Paraphrases
Week 3	Usage / Sentence composition
Week 4	Selecting grammar form / Text grammar

● **Reading**

Week 5	Comprehension (Short passages)
Week 6	Comprehension (Mid-size passages)
Week 7	Comprehension (Long passages)
Week 8	Information retrieval

● **Listening**

Week 9	Task-based comprehension
Week 10	Point comprehension
Week 11	Summary comprehension / Utterance expressions
Week 12	Quick response

Please note that the test items are not necessarily in the same order as they appear in the actual JLPT.

例題と解き方 Examples and Guide

The Language Knowledge, Reading, and Listening sections are each prefaced with commentary and example problems explaining how to solve their various test items. Be sure to go over this information before doing the exercises.

言葉を覚えよう Vocabulary

This lists words and expressions that you need to know for level N3. You can use it to increase your vocabulary.

② Supplement

This contains an answer key for all the exercises, and scripts of the Listening exercises. The parts of the Listening material that are essential to solving the problems are underlined in the scripts.

③ Audio files

The audio material for the Listening exercises can be downloaded as follows. This material is free of charge.

- Scan the code to the right and install The Japan Times Publishing's OTO Navi audio app on your smartphone or tablet. Next, download the audio files for this book.
- If using a computer, download the files (mp3) from the following webpage:
  https://bookclub.japantimes.co.jp/en/book/b595224.html

OTO Navi

④ Commentary

Commentary on the exercises is available as a PDF file. To download the file, scan the code to the right, or download from the following webpage on The Japan Times BOOK CLUB website:

https://bookclub.japantimes.co.jp/en/book/b595224.html

The Japan Times BOOK CLUB

言葉を覚えよう 1

※＿＿＿＿には意味を調べて書きましょう。

文型・表現

項目	意味	例文
□～恐れがある	＿＿＿＿	明日は台風の影響で電車が止まる恐れがあります。
□～くせに	＿＿＿＿	お酒に弱いくせに、たくさん飲むから、気分が悪くなるんだよ。
□～たとたん（に）	＿＿＿＿	立ち上がったとたん、気分が悪くなった。
□～たびに	＿＿＿＿	私はこの歌を聞くたびに、ふるさとを思い出す。
□～だらけ	＿＿＿＿	公園へ遊びに行った子どもが泥だらけになって帰ってきた。
□～ついでに	＿＿＿＿	出張で東京へ行ったついでに、東京観光をしました。
□～て以来	＿＿＿＿	卒業して以来、クラスメイトに会っていません。
□～ということだ	＿＿＿＿	「禁止」とは、してはいけないということだ。
□～において	＿＿＿＿	現代においてスマホは生活になくてはならないものだ。
□～につれて	＿＿＿＿	年を取るにつれて、目も悪くなるし、耳も聞こえづらくなる。
□～にとって	＿＿＿＿	親にとって子どもは何よりも大切なものです。
□～ばかりに	＿＿＿＿	日本語が下手なばかりに、アルバイトがなかなか見つからない。
□～べきだ	＿＿＿＿	友達とけんかして自分が悪いと思ったら、すぐに謝るべきだ。
□～ものだから	＿＿＿＿	子どもが熱を出したものですから、学校を休ませてください。
□～わけではない	＿＿＿＿	たくさん本を持っているが、全部読んだわけではない。

名詞

項目	意味	例文
□イベント	＿＿＿＿	イベントに参加する人は今週中に申し込んでください。
□関心	＿＿＿＿	私は木で造られた日本の古い建物に関心がある。
□急用	＿＿＿＿	社長は急用ができたとおっしゃって、お出かけになりました。
□効果	＿＿＿＿	これは頭痛に効果がある薬だが、眠くなることがある。
□事件	＿＿＿＿	最近、自転車が盗まれる事件が増えているので注意しましょう。
□事情	＿＿＿＿	事情によっては、欠席を認めないこともない。
□責任	＿＿＿＿	チームリーダーの彼は、試合で負けたことに責任を感じている。
□長所	＿＿＿＿	生徒の長所を伸ばすような教育が求められている。
□突き当たり	＿＿＿＿	この道をまっすぐ行って突き当たりを右に曲がると駅があります。
□出来事	＿＿＿＿	今はインターネットで世界の出来事を知ることができる。
□内容	＿＿＿＿	本の表紙や目次を見ると、内容が多少わかる。
□ヒント	＿＿＿＿	この問題のヒントは次のページに書いてあります。
□雰囲気	＿＿＿＿	部屋に花を飾ると、雰囲気が明るくなる。
□勇気	＿＿＿＿	3メートルの高さからプールに飛び込むには勇気がいる。

言語知識（文字・語彙・文法）編

Language Knowledge (Vocabulary/Grammar)

例題と解き方　～言語知識（文字・語彙・文法）編～

漢字読み　Kanji reading

下線部の漢字の正しい読み方を選ぶ問題です。

This problem involves selecting the correct reading for the underlined kanji.

例題1

1　速達で手紙を出します。

1　そくたち　　2　そくたつ　　3　そったち　　4　そったつ

2　クラスのリーダーを決める。

1　きめる　　2　やめる　　3　みとめる　　4　もとめる

表記　Orthography

下線部のひらがなの言葉を漢字で書くときの正しい表記を答える問題です。

This problem involves selecting the correct kanji orthography for the underlined word written in hiragana.

例題2

1　海が見えるホテルにとまる。

1　伯まる　　2　拍まる　　3　泊まる　　4　宿まる

2　たくさんれんしゅうすれば、上手になります。

1　連修　　2　連習　　3　練修　　4　練習

文脈規定　Contextually-defined expressions

文の意味を考えながら、文の空いているところに入る正しい言葉を選ぶ問題です。

This problem involves filling in the blank with the word that best matches the context of the sentence.

例題3

1　この子は5歳なのに、中学生（　　　）の漢字がわかる。

1　レベル　　2　テーマ　　3　ナンバー　　4　スタイル

2　サッカーの試合に（　　　）する選手が発表された。

1　外出　　2　出場　　3　出席　　4　入場

言い換え類義 Paraphrases

下線部の言葉と意味が近いものを選ぶ問題です。

This problem involves selecting the choice that is closest in meaning to the underlined expression.

例題4

1 この棚にある本はすべて読みました。

1 ほどんど　2 すこし　3 ぜんぶ　4 よく

2 失業する人が増えているらしい。

1 仕事がなくなる　2 遅くまで働く　3 お金がなくなる　4 生活が楽になる

用法 Usage

下線部の言葉の使い方が正しいものを選ぶ問題です。

This problem involves selecting the sentence that correctly uses the underlined word.

例題5

1 冷める

1 冷蔵庫に入れておいたので、スイカが冷めている。

2 エアコンをつけると、すぐに部屋が冷めます。

3 昼間は暑かったが、日が暮れると気温が冷めてきた。

4 ミルクが熱いので、冷めてから赤ちゃんに飲ませる。

STEP 1 下線部以外の意味を確認しよう

Figure out the meaning of the parts not underlined.

まず、下線の言葉の意味は気にしないで選択肢の文を読み、それぞれがどんな場面や状況なのかを確認する。

STEP 2 下線部の言葉が、STEP 1で確認した場面・状況に合っているか確認しよう

Determine whether the underlined expression matches the situation or context identified in Step 1.

例題5の「冷める」は「熱い物の温度が自然に低くなる／自然な温度（常温）になる」ことで、特に液体に使うことが多い。室温、気温など空気の温度には使わない。また、「漫画に対する興味が冷めた」など、高い関心や興味がなくなるという意味でも使う。このように言葉の大まかな意味だけでなく、どんな時やどんなものに使うかを理解しておく。

例題5の解き方 How to solve Example 5

1 ▶「冷める」は熱いものが自然な温度になることなので、スイカが冷たいと感じる温度になっているというのは合わない。この文の場合、「冷えている」が正しい。

2 ▶「冷める」は物、特に液体について使い、室温や気温など空気には使わない。この文の場合、「涼しくなります」が正しい。

3 ▶「気温が冷める」とは言わない。この文の場合、「気温が下がってきた」が正しい。

4 ▶ 答え

文法形式の判断 Selecting grammar form

選択肢の中から文法的に正しい言葉を選び、文を完成させる問題です。

This problem involves completing the sentence with the grammatically correct choice.

例題6

1 その子は注射を（　　　）とたんに、泣き出した。

1 見る　　2 見て　　3 見た　　4 見よう

2 学生の能力（　　　）教科書を選びます。

1 に応じて　　2 につれて　　3 のように　　4 のとおりに

文の組み立て Sentence composition

4つの選択肢を正しい順番に並べて文を作る問題です。

This problem involves completing a sentence by arranging the choices in the correct order.

例題7

1 友達に将来のことを ＿＿＿ ＿★＿ ＿＿＿ ＿＿＿ と相談された。

1 心配になって　　2 眠れない　　3 ことがある　　4 考えていると

STEP 1 選択肢や問題の文の中から、中心となる文型を見つけよう

Sift through the choices and partial sentence to find the sentence's main grammatical pattern.

☞ 中心となる文型 (grammatical patterns) がわかると、それにつく品詞 (part of speech) や活用 (conjugation) がわかるので、まずは選択肢や下線部の前後から文型を見つける。

STEP 2 文型の前後につながる言葉を探そう

Identify the expressions that link the main grammatical pattern with the rest of the sentence.

☞ STEP 1をヒントに、その文型に合う言葉をつなげて、言葉のセットを作る。

STEP 3 完成した文を読んで、きちんと意味が通るか確認しよう

Read the completed sentence to see whether it makes sense.

☞ 文法的に正しくても、文の意味が通らないこともあるので、言葉を並べた後、最初から読んで、文の意味が理解できるかどうか確認する。

☞「★」の位置は問題によって変わるので、間違えないように注意する。

例題7の解き方 How to solve Example 7

①「3　ことがある」という文型に注目する。この文型は動詞の辞書形 (dictionary form)、ない形 (*nai* form)、た形 (*ta* form) に接続するので、「2　眠れない」「3　ことがある」となり、選択肢2と3はセットになる。

② 文の最後に「と相談された」とある。この「と」の前は普通形 (plain form) である。①で作ったセットは離すことができないので、「と相談された」の前は「3　ことがある」となる。

③ 下線部の前にある「将来のことを」に続く言葉を探す。助詞 (particle)「を」に続くのは「4　考えていると」だけである。

④ 選択肢1を入れて、正しい順番に並べると「4　考えていると」「1　心配になって」「2　眠れない」「3　ことがある」となり、答えは1である。

文章の文法 Text grammar

長い文章の空いているところに合う言葉を選ぶ問題です。

This problem involves selecting the expressions that best fill in the blanks of a long passage.

例題8

下の文章は、留学生が書いた作文です。

私のクラスにはいろいろな国の人がいます。休み時間は日本語でみんなでおしゃべりをします。先日は日本に来てびっくりしたことを話しました。アメリカ人のマークさんは自動販売機が多いこと［1］、商品の種類の多さとユニークさに驚いたそうです。パンツの自動販売機や、ネックレスや指輪の自動販売機があると言って、写真を見せてみんなを［2］。マークさんはその他にもおもしろい写真をたくさん見せてくれました。［3］、フランス人のルイさんは日本人の家に招待された時のことを話しました。日本人が家では靴を脱いでスリッパを履くということはみんな知っていましたが、トイレにはトイレ用のスリッパがあって、部屋のスリッパを脱いで履き替えなければならないという話にはみんな驚きました。

私もおもしろい日本文化を探してみようと思いました。

1

1　はもちろん　　2　に対して　　3　にかわって　　4　に比べて

2

1　笑いました　　2　笑われました　　3　笑わせました　　4　笑わせられました

3

1　それで　　2　または　　3　ところが　　4　また

STEP 1　本文を読む前に、注目するポイントを確認しよう

Before reading the passage, go over the things you need to focus on.

☞ 言葉や文をつないで一つの文を作る文型 (grammatical patterns) や、接続詞 (conjunctions) についての問題が出る。本文を読む前に選択肢を見て、注目するポイントを確認する。以下の4点がよく問われるポイントである。

① 前後の言葉をつないで一つの文を作る文型

例：「～ように」「～ために」「～おかげで」「～をはじめ」「～はもちろん」「～一方」「～反面」「～うちに」「～最中に」「～以来」「～とたん」など

➡前後の言葉の意味をきちんと確認し、一つの文にするにはどの文型がいいか考える。

② 相手との関係を表す文型（授受、受身、使役、使役受身など）

例：「～てもらう」「～ていただく」「～れる」「～せる」「～せられる」など

➡主語 (subject) が省略 (omit) されていることが多く、主語や行為をする人を理解しているか問うものが多い。

③ 文末に使われる文型

例：「～はずだ」「～べきだ」「～わけにはいかない」「～とは限らない」「～ということだ」「～と言われている」「～ではない（だろう）か」など

➡言葉の説明や、文章を書いた人の意見を理解しているか問うものが多い。

④ 接続詞

➡同じことを言っているか、反対のことを言っているか、話を変えているかなど、前の文と後ろの文の関係に注意する。右のページの表は、N3でよく出る接続詞である。

◎N3でよく出る接続詞

使い方 Usage	接続詞 Conjunctions
理由を言う Stating a reason	なぜなら（ば）／なぜかというと
理由や原因を受けて結論を言う Stating an outcome of a reason/cause	だから／ですから／それで／そのため
反対のことを言う Stating a contrast	しかし／だが／ですが／でも／けれども／ところが
話を並べたり加えたりする Adding information	そして／また／それから／それに／その上／ それだけでなく
続いて起こることを表す Presenting a next step	そこで／すると／では／じゃ／それなら
関連する別の側面について言う Stating a different facet	一方（で）
選ぶものを示す Presenting another choice	それとも／または／あるいは
他の言葉で言い換える Rephrasing	つまり
話題を変える Changing the subject	ところで／さて

STEP 2　STEP 1のポイントをもとに、正しい選択肢を選ぼう

Use the insights from Step 1 to pick out the correct choice.

例題8の解き方　How to solve Example 8

① 1番の場合、［ 1 ］の前と後ろの関係を見る（STEP 1 ①）。マークさんは何に驚いたかという文である。前の「自動販売機が多いこと」に当然驚き、それに加えて、後ろの「商品の種類の多さとユニークさ」にも驚いていることから、「～はもちろん」という文型を選ぶ。

② 2番の場合、［ 2 ］の前に省略された主語を見つける（STEP 1 ②）。この文の主語はマークさんである。「（マークさんが）写真を見せてみんなを笑わせました」という文が正しい。

③ 3番の場合、［ 3 ］の前ではマークさんが驚いたことについて、後ろではルイさんが驚いたことについて書かれている。関連することを並べたり加えたりする「また」という接続詞（STEP 1 ④）を使う。

例題の答え　例題1　2, 1　例題2　3, 4　例題3　1, 2　例題4　3, 1　例題5　4　例題6　3, 1　例題7　1
例題8　1, 3, 4

第1週 1日目

目標解答時間 10分

＿＿＿月＿＿＿日

漢字読み Kanji reading

＿＿＿のことばの読み方として最もよいものを、1・2・3・4から一つえらびなさい。

1 作文は月末までに出さなければならない。

1 つきまつ　2 つきすえ　3 げつまつ　4 げつすえ

2 吉田（よしだ）さんに伝えてください。

1 こたえて　2 あたえて　3 おしえて　4 つたえて

3 ここからそこまで往復でいくらですか。

1 おうふく　2 おおふく　3 おうぶく　4 おおぶく

4 やっとライオンが現れました。

1 うまれました　2 みられました　3 かくれました　4 あらわれました

5 はじめて選挙に行きました。

1 せんきょ　2 せんぎょ　3 せんきょう　4 せんぎょう

6 父は卵料理が上手だ。

1 めん　2 たまご　3 まめ　4 なべ

7 このコーヒーは少し濃い。

1 うすい　2 こい　3 にがい　4 あまい

8 近所に薬局ができた。

1 やっぎょく　2 やくぎょく　3 やっきょく　4 やくきょく

表記 Orthography

＿＿＿のことばを漢字で書くとき、最もよいものを１・２・３・４から一つえらびなさい。

1 彼(かれ)はたくさんの有名(ゆうめい)なきょくを作った。

1 歌　　2 曲　　3 音　　4 踊

2 父にあつい本をもらった。

1 太い　　2 増い　　3 厚い　　4 多い

3 先生かられんらくがあった。

1 練絡　　2 連絡　　3 練格　　4 連格

4 雪が降ったので、道がこおっている。

1 冬って　　2 寒って　　3 冷って　　4 凍って

5 テスト前にしっかりふくしゅうした。

1 復習　　2 援習　　3 複習　　4 後習

6 コップがわれている。

1 折れて　　2 割れて　　3 破れて　　4 落れて

第1週 

目標解答時間　10分

＿＿＿月＿＿＿日

漢字読み Kanji reading

＿＿＿のことばの読み方として最もよいものを、１・２・３・４から一つえらびなさい。

1 自分の意見を発表する。

1　はつひょう　　2　はつぴょう　　3　はっひょう　　4　はっぴょう

2 15分以上遅刻したら、テストは受けられません。

1　じこく　　2　ちこく　　3　じごく　　4　ちごく

3 母から手紙が届いた。

1　とといた　　2　とどいた　　3　どといた　　4　どどいた

4 台風が来そうなので、雨戸をしっかり閉める。

1　あめと　　2　あめど　　3　あまと　　4　あまど

5 私はスポーツが苦手です。

1　じょうず　　2　へた　　3　にがて　　4　とくい

6 信号が青になってから、渡(わた)りましょう。

1　しんご　　2　しごう　　3　しんごん　　4　しんごう

7 佐々木(ささき)さんを野球チームのメンバーに加える。

1　くわえる　　2　あたえる　　3　むかえる　　4　かぞえる

8 木村(きむら)さんは仕事が速い。

1　はやい　　2　おそい　　3　うまい　　4　あらい

表記 Orthography

＿＿＿のことばを漢字で書くとき、最もよいものを１・２・３・４から一つえらびなさい。

1 私は体力にはじしんがある。

1 白信　2 自心　3 自信　4 自心

2 子どもから風邪（かぜ）をうつされた。

1 移された　2 写された　3 映された　4 受された

3 新聞にこうこくを出す。

1 交吉　2 交告　3 広吉　4 広告

4 チョコレートのげんりょうは何ですか。

1 原量　2 原料　3 源量　4 源料

5 この道は車が多く通るので、あぶない。

1 危い　2 危ない　3 険い　4 険ない

6 気をつけていれば、その事故（じこ）はふせげただろう。

1 坊げた　2 妨げた　3 防げた　4 訪げた

第1週　3日目

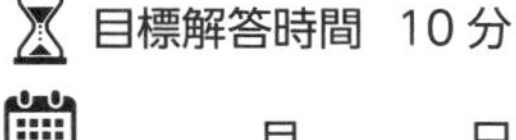

漢字読み　Kanji reading

＿＿＿のことばの読み方として最もよいものを、１・２・３・４から一つえらびなさい。

1　この店では格安でパソコンが買える。

1　かぐやす　　2　かくやす　　3　かぐあん　　4　かくあん

2　ここで右折してください。

1　さきん　　2　うきん　　3　させつ　　4　うせつ

3　このホテルは快適です。

1　かいてき　　2　けいてき　　3　かいてい　　4　けいてい

4　有名な医者が彼を手術しました。

1　じゅちゅつ　　2　しゅちゅつ　　3　じゅじゅつ　　4　しゅじゅつ

5　配送料はいくらですか。

1　はいたつりょう　　2　はいそうりょう　　3　はいたつひ　　4　はいそうひ

6　米国とはアメリカのことだ。

1　えいこく　　2　まいこく　　3　べいこく　　4　めいこく

7　もっと自分の気持ちを表したほうがいいですよ。

1　かくした　　2　あらわした　　3　だした　　4　しめした

8　犯人は１億円を要求している。

1　ようきゅう　　2　よっきゅう　　3　ようきょう　　4　よっきょう

表記 Orthography

＿＿＿のことばを漢字で書くとき、最もよいものを１・２・３・４から一つえらびなさい。

1 生まれてはじめて雪を見ました。

1 初じめて　　2 初めて　　3 始じめて　　4 始めて

2 けっきょく中野（なかの）さんは学校に来ませんでした。

1 結曲　　2 結局　　3 詰曲　　4 詰局

3 この商品は人気があって、手に入れるのがこんなんだ。

1 因漢　　2 困漢　　3 因難　　4 困難

4 父はこうむいんです。

1 公務員　　2 交預員　　3 公預員　　4 交務員

5 とても疲（つか）れていたけれど、よく寝（ね）たらかいふくしました。

1 会復　　2 会複　　3 回復　　4 回複

6 赤と青の絵の具をまぜて、むらさき色を作る。

1 渇ぜて　　2 湿ぜて　　3 湯ぜて　　4 混ぜて

第1週 4日目

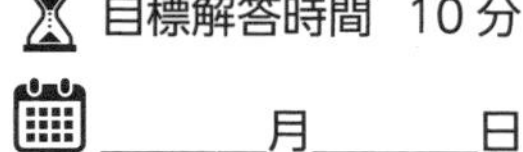

漢字読み Kanji reading

＿＿＿のことばの読み方として最もよいものを、１・２・３・４から一つえらびなさい。

1 妹の日本語は<u>上達</u>した。

1 うえだち　　2 うえたつ　　3 じょうだち　　4 じょうたつ

2 それを<u>返して</u>ください。

1 けして　　2 かえして　　3 おして　　4 かして

3 その犬はやっと<u>救助</u>された。

1 きょうじょ　　2 きゅうじょ　　3 きょうじょう　　4 きゅうじょう

4 ずっとそこに<u>座って</u>いました。

1 たって　　2 のって　　3 すわって　　4 かよって

5 テレビが<u>故障</u>している。

1 こしょう　　2 こうしょう　　3 こじょう　　4 こうじょう

6 これを３<u>冊</u>ください。

1 まい　　2 こ　　3 さつ　　4 だい

7 この<u>部分</u>がよくわかりません。

1 べふん　　2 ぶふん　　3 べぶん　　4 ぶぶん

8 母に<u>人形</u>をもらった。

1 じんぎょ　　2 じんぎょう　　3 にんぎょ　　4 にんぎょう

表記 Orthography

______のことばを漢字で書くとき、最もよいものを１・２・３・４から一つえらびなさい。

1 明日はしゅくじつです。

1　休日　　2　昨日　　3　祝日　　4　祭日

2 まだ、少しねむいです。

1　寒い　　2　眠い　　3　暑い　　4　汚い

3 あの二人はこうさいしているようだ。

1　公祭　　2　公際　　3　交祭　　4　交際

4 兄は遠くにボールをなげた。

1　飛げた　　2　投げた　　3　打げた　　4　放げた

5 こちらにお名前をごきにゅうください。

1　記入　　2　紀入　　3　配入　　4　起入

6 電話番号をまちがえてしまった。

1　間違えて　　2　間偉えて　　3　間違えて　　4　間偉えて

第1週 5日目

目標解答時間 10分

＿＿＿月＿＿＿日

漢字読み Kanji reading

＿＿＿のことばの読み方として最もよいものを、１・２・３・４から一つえらびなさい。

1 何があったのか正確に教えてください。

1 せいかく　2 せいこう　3 しょうかく　4 しょうこう

2 息子（むすこ）は1から10まで数えることができます。

1 おぼえる　2 おしえる　3 かぞえる　4 かずえる

3 文房具は3階で売っています。

1 ぷんぼうぐ　2 ぶんぼうぐ　3 ぷんぽうぐ　4 ぶんぽうぐ

4 書類をメールで送ります。

1 しょもつ　2 しょるい　3 しょうもつ　4 しょうるい

5 父は車で通勤している。

1 づうぎん　2 づうきん　3 つうぎん　4 つうきん

6 残った食べ物は持ち帰りたいです。

1 かわった　2 さわった　3 あまった　4 のこった

7 歩道橋を渡（わた）ります。

1 ほどうきょう　2 ほうどうきょう　3 ほどうばし　4 ほうどうばし

8 インターネットに接続した。

1 せっそく　2 せっしょく　3 せつぞく　4 せつしょく

表記 Orthography

＿＿＿のことばを漢字で書くとき、最もよいものを１・２・３・４から一つえらびなさい。

1 このゲームはやさしいから、子どもでも遊べます。

1 優しい　2 易しい　3 優い　4 易い

2 兄は最近、きんえんしています。

1 勤延　2 勤煙　3 禁延　4 禁煙

3 今年は去年の２ばいのお客（きゃく）さんが来た。

1 倍　2 培　3 部　4 剖

4 肌（はだ）がかんそうしているので、クリームをぬる。

1 乾燥　2 感想　3 完走　4 歓送

5 きゅうきゅうしゃが到着した。

1 球急車　2 急球車　3 救急車　4 急救車

6 大切なカップがかけてしまって悲しい。

1 割て　2 割けて　3 欠て　4 欠けて

第2週　1日目

⌛ 目標解答時間　10分
📅 ＿＿＿月＿＿＿日

文脈規定 Contextually-defined expressions

（　　　）に入れるのに最もよいものを、1・2・3・4から一つえらびなさい。

1 この薬（くすり）はすぐに（　　　）が感じられます。

1　能力（のうりょく）　　2　効果（こうか）　　3　程度（ていど）　　4　調子（ちょうし）

2 留学（りゅうがく）する（　　　）があれば、日本へ行きたい。

1　レジャー　　2　イメージ　　3　チャンス　　4　リポート

3 台風が来たので、旅行のスケジュールを（　　　）した。

1　交換（こうかん）　　2　変更（へんこう）　　3　改正（かいせい）　　4　防止（ぼうし）

4 何時間も待たされて（　　　）してしまった。

1　じろじろ　　2　ぺこぺこ　　3　ぎらぎら　　4　いらいら

5 兄は前からボランティアに（　　　）があった。

1　関心（かんしん）　　2　協力（きょうりょく）　　3　掲示（けいじ）　　4　話題（わだい）

6 暑い日が続（つづ）いて、庭（にわ）の花が（　　　）しまった。

1　かたまって　　2　かれて　　3　すべって　　4　けずれて

7 卒業（そつぎょう）の（　　　）に時計をもらった。

1　記憶（きおく）　　2　記録（きろく）　　3　記念（きねん）　　4　記号（きごう）

8 箱（はこ）のふたが開かないように上から（　　　）ください。

1　まとめて　　2　おさえて　　3　こぼして　　4　むかえて

9 入社後、3週間の（　　　）に参加した。

1　残業（ざんぎょう）　　2　宿泊（しゅくはく）　　3　休憩（きゅうけい）　　4　研修（けんしゅう）

10 この道路は事故(じこ)が多いので、道の幅(はば)を（　　　）工事をすることになった。

1 ひろめる　2 ひろげる　3 のばす　4 ふくらませる

11 コンクールで優秀(ゆうしゅう)作品に選(えら)ばれ、彼(かれ)の絵の（　　　）がやっと認(みと)められた。

1 名所(めいしょ)　2 利点(りてん)　3 性質(せいしつ)　4 価値(かち)

言い換え類義 Paraphrases

＿＿＿に意味が最も近いものを、１・２・３・４から一つえらびなさい。

1 その川で魚を<u>とって</u>遊んだ。

1 おいかけて　2 ひっぱって　3 つかまえて　4 にぎって

2 メールが<u>受信(じゅしん)できませんでした</u>。

1 送れませんでした　2 受け取れませんでした
3 開(ひら)けませんでした　4 使えませんでした

3 私は、<u>めったに</u>テレビを見ません。

1 最近　2 ほとんど　3 絶対に　4 ときどき

4 このゲームは子どもでも楽しめるように、もっと<u>工夫(くふう)した</u>ほうがいい。

1 小さくした　2 軽くした
3 説明書を作った　4 いいやり方を考えた

5 <u>意外(いがい)と</u>遊園地(ゆうえんち)は空(す)いていた。

1 予想(よそう)通り　2 いつも以上に
3 思っていたのと違って　4 珍(めずら)しく

第2週　2日目

目標解答時間　10分

＿＿＿＿月＿＿＿＿日

文脈規定 Contextually-defined expressions

（　　　）に入れるのに最もよいものを、１・２・３・４から一つえらびなさい。

1　部長はさっき（　　　）ができて、お帰りになりました。

1　急用　　2　都合　　3　情報　　4　機会

2　「がんばれ！　がんばれ！」と大きい声でチームを（　　　）した。

1　発言　　2　応援　　3　指導　　4　希望

3　隣の家から晩ご飯のいい（　　　）がする。

1　感じ　　2　雰囲気　　3　あじ　　4　におい

4　（　　　）を見ると、製品の特徴がよくわかる。

1　アイディア　　2　カタログ　　3　メーカー　　4　メニュー

5　あのレストランの料理は（　　　）したほどではなかった。

1　指示　　2　要求　　3　期待　　4　注目

6　道が混んでいて、（　　　）運転するしかなかった。

1　くるくる　　2　ふらふら　　3　すらすら　　4　のろのろ

7　私はいつも８時50分に（　　　）している。

1　出勤　　2　労働　　3　就職　　4　残業

8　祖母が（　　　）くれたセーターはとても暖かい。

1　あんで　　2　ぬって　　3　くみたてて　　4　かざって

9　公園に捨てられていた（　　　）猫を拾った。

1　いじわるな　　2　かわいそうな　　3　おそろしい　　4　にがい

10 日が（　　　）と、この辺は真(ま)っ暗(くら)になる。

1 済(す)む　　2 過(す)ぎる　　3 沈(しず)む　　4 傾(かたむ)く

11 まだ着られる服を捨(す)てるのは（　　　）。

1 つまらない　　2 きたない　　3 もったいない　　4 くだらない

言い換え類義 Paraphrases

＿＿＿に意味が最も近いものを、１・２・３・４から一つえらびなさい。

1 この成績(せいせき)なら希望(きぼう)の大学に<u>受かる</u>でしょう。

1 合格(ごうかく)する　　2 成功(せいこう)する　　3 申し込める　　4 間に合う

2 この道は狭(せま)いので、<u>速度</u>を落として運転したほうがいい。

1 タイム　　2 エネルギー　　3 リズム　　4 スピード

3 寝(ね)ている息子(むすこ)に<u>そっと</u>毛布(もうふ)をかけた。

1 しずかに　　2 いそいで　　3 すこし　　4 きちんと

4 この部屋は<u>散(ち)らかっている</u>。

1 物が少なくて広く感じる
2 物が整理されずあちこちにある
3 誰(だれ)も住んでいなくて静かだ
4 人が集まっていてうるさい

5 あのホテルのサービスは<u>ひどかった</u>。

1 あまりよくなかった　　2 まあまあだった
3 非常に悪かった　　4 非常によかった

第2週 3日目

目標解答時間　10分
＿＿月＿＿日

文脈規定 Contextually-defined expressions

（　　）に入れるのに最もよいものを、１・２・３・４から一つえらびなさい。

1 たっぷりの水と調味料を入れた鍋で野菜を（　　）。

1 焼く　2 煮る　3 揚げる　4 炒める

2 ゴミが（　　）から、捨てに行ってください。

1 さわがしい　2 激しい　3 くさい　4 濃い

3 川で（　　）子どもを助けました。

1 おぼれた　2 あふれた　3 浮いた　4 崩れた

4 救急車の（　　）が大きな音で鳴っています。

1 リボン　2 ポンプ　3 クリック　4 サイレン

5 入りたい会社に（　　）を送る。

1 定期券　2 履歴書　3 運転免許　4 招待状

6 夫が財布を忘れて家を出ていったので、すぐに（　　）渡した。

1 追いかけて　2 追いこして　3 乗りかえて　4 乗りこえて

7 食べたかったけれど、太りたくないので（　　）して、食べなかった。

1 びっくり　2 がっかり　3 いたずら　4 がまん

8 うるさいから（　　）ください。

1 どいて　2 つぶれて　3 だまって　4 しばって

9 今年は天気がいいから、植物が（　　）大きくなる。

1 ぐんぐん　2 わくわく　3 とんとん　4 ころころ

10 することがなくて（　　　）だったので、散歩に行った。

1 無事（ぶじ）　2 退屈（たいくつ）　3 地味（じみ）　4 迷惑（めいわく）

11 赤ちゃんは（　　　）眠っています。

1 すっきり　2 はっきり　3 ぐっすり　4 うっかり

言い換え類義 Paraphrases

＿＿＿に意味が最も近いものを、１・２・３・４から一つえらびなさい。

1 しだいに雲（くも）が出てきました。

1 だんだん　2 急に　3 少しだけ　4 たくさん

2 吐き気（はけ）がするのでちょっと休みます。

1 頭が痛（いた）いので　2 気持ちが悪いので
3 熱（ねつ）があるので　4 倒（たお）れそうなので

3 貧（まず）しい人を助（たす）けます。

1 病気になった　2 迷（まよ）っている　3 元気がない　4 お金がない

4 友達に感謝（かんしゃ）します。

1 おめでとうと言います　2 大好きだと言います
3 ごめんなさいと言います　4 ありがとうと言います

5 大石（おおいし）さんはがんこです。

1 人の気持ちを考えません　2 まじめにがんばります
3 自分の考えを変えません　4 冗談（じょうだん）を言いません

第2週 4日目

目標解答時間 10分

＿＿＿月＿＿＿日

文脈規定 Contextually-defined expressions

（　　）に入れるのに最もよいものを、１・２・３・４から一つえらびなさい。

1 すみません、この服、少し小さいんですが、大きい（　　）のはありますか。

1 サイズ　　2 スタイル　　3 レベル　　4 ナンバー

2 本当はしていないのに、先生に「宿題をした」と（　　）をついてしまった。

1 冗談（じょうだん）　　2 方言（ほうげん）　　3 うそ　　4 うわさ

3 お宅（たく）の息子（むすこ）さん、毎朝庭（にわ）の掃除（そうじ）をして（　　）ですね。

1 あやしい　　2 えらい　　3 おさない　　4 おとなしい

4 子どもに教育を受けさせるのは親としての（　　）です。

1 資格（しかく）　　2 義務（ぎむ）　　3 特徴（とくちょう）　　4 免許（めんきょ）

5 このクラスはみんないつも（　　）笑っていて楽しそうだ。

1 ぐらぐら　　2 ぴかぴか　　3 ごちゃごちゃ　　4 にこにこ

6 友人が一緒（いっしょ）に映画に行かないかと（　　）くれた。

1 あやまって　　2 ゆずって　　3 さそって　　4 ゆるして

7 このスカートはデザインも色も（　　）ので、買いました。

1 思いついた　　2 思い出した　　3 気にした　　4 気に入った

8 犯人（はんにん）が捕（つか）まって、やっと事件（じけん）が（　　）した。

1 解決（かいけつ）　　2 決心（けっしん）　　3 完成（かんせい）　　4 予防（よぼう）

9 毎日忙（いそが）しく働（はたら）いていると、休日はどこにも出かけないで家で（　　）したくなる。

1 のんびり　　2 きちんと　　3 ぶらぶら　　4 ぴったり

10 このやり方でやれば、実験は（　　　）成功するはずだ。

1 正確に　　2 確実に　　3 じょうぶに　　4 めったに

11 自分の国と日本を（　　　）して、同じところと違うところをノートに書く。

1 合計　　2 区別　　3 競争　　4 比較

言い換え類義 Paraphrases

＿＿＿に意味が最も近いものを、１・２・３・４から一つえらびなさい。

1 母は兄の家族と<u>暮らしている</u>。

1 旅行している　　2 生活している　　3 宿泊している　　4 外出している

2 学生たちはいすの横に立って、<u>おじぎした</u>。

1 頭を下げた　　2 上を向いた　　3 首をふった　　4 手をたたいた

3 <u>お年寄り</u>に道を聞かれた。

1 高齢者　　2 先輩　　3 後輩　　4 祖父母

4 出張の<u>支度</u>が終わってから、昼休みを取ろうと思います。

1 報告　　2 確認　　3 反省　　4 準備

5 <u>まもなく</u>3番線に電車がまいります。

1 おそらく　　2 たびたび　　3 もうすぐ　　4 きゅうに

第2週 5日目

目標解答時間 10分
＿＿＿月＿＿＿日

文脈規定 Contextually-defined expressions

（　　）に入れるのに最もよいものを、1・2・3・4から一つえらびなさい。

1 漢字は、何回も（　　）書くと覚えられます

1 うらがえして　2 くりかえして　3 ころがして　4 かさねて

2 散歩をしていたら、子どものころに流行（りゅうこう）した（　　）曲が聞こえてきた。

1 したしい　2 おしい　3 なつかしい　4 くやしい

3 寝（ね）る時間も食事の時間も決まっていない（　　）生活は、体によくない。

1 不規則（ふきそく）な　2 不器用（ぶきよう）な　3 不自由（ふじゆう）な　4 不可能（ふかのう）な

4 進学のことで悩（なや）んでいたとき、先輩（せんぱい）が（　　）をしてくれた。

1 アンケート　2 アドバイス　3 カンニング　4 カバー

5 （　　）が悪かったけれど、少し休んだらよくなりました。

1 具合（ぐあい）　2 都合（つごう）　3 機会（きかい）　4 全体（ぜんたい）

6 二人は教室の隅（すみ）で何か（　　）話している。

1 ひらひら　2 ごろごろ　3 ひそひそ　4 ぼろぼろ

7 10年後何をしているのか、自分の将来を（　　）する。

1 観察（かんさつ）　2 発見（はっけん）　3 予定（よてい）　4 想像（そうぞう）

8 2回続（つづ）けて受験に失敗（しっぱい）して、彼（かれ）はすっかり（　　）をなくしてしまった。

1 実力（じつりょく）　2 自信（じしん）　3 長所（ちょうしょ）　4 責任（せきにん）

9 この映画は、家を出る息子（むすこ）を父親が静かに見送る（　　）が感動的（かんどうてき）です。

1 景色（けしき）　2 範囲（はんい）　3 画面（がめん）　4 場面（ばめん）

10 さっきメールを（　　　）ました。今から返事を送ります。

1 引き受け　2 取り出し　3 受け取り　4 受け付け

11 就職（しゅうしょく）が決まったので、お世話になった先生に手紙で（　　　）した。

1 報告（ほうこく）　2 宣伝（せんでん）　3 伝言（でんごん）　4 発言（はつげん）

言い換え類義 Paraphrases

＿＿＿に意味が最も近いものを、１・２・３・４から一つえらびなさい。

1 ブラウンさんはおしゃべりな人だ。

1 よく笑う　2 あまり笑わない　3 よく話す　4 あまり話さない

2 手伝われるより、一人でやったほうがかえって早く終わる。

1 反対に　2 非常に　3 実は　4 割合

3 この植物園（しょくぶつえん）では珍（めずら）しい花を見ることができる。

1 有名（ゆうめい）な　2 あまり見られない
3 とても大きい　4 育てにくい

4 この島は自然（しぜん）が豊（ゆた）かなところだ。

1 十分にある　2 美しい　3 壊（こわ）されている　4 とても少ない

5 この店はいつも混んでいる。

1 品物が少ない　2 品物が多い　3 人が少ない　4 人が多い

第3週　1日目

目標解答時間　15分

＿＿月＿＿日

用法 Usage

つぎのことばの使い方として最もよいものを、１・２・３・４から一つえらびなさい。

1 指示

1　あのコーチは長い間、日本代表のサッカーチームを指示してきた。
2　法律でタバコは二十歳になってからと指示されている。
3　母は私に、毎月３万円ずつ指示して送ってくれている。
4　その犬は、飼い主が来るように指示しても、全く言うことを聞かない。

2 そる

1　友人から機械を借りて、畑の雑草をそった。
2　彼は子どもっぽく見られるのが嫌で、ひげをそるのをやめた。
3　古くなった床の表面をそって磨いたらきれいになった。
4　その店でパイナップルの硬い皮をナイフでそってもらった。

3 そろそろ

1　そろそろ寒いので、風邪をひかないようにね。
2　今から面接なので、そろそろ電話に出られません。
3　それでは、そろそろ出かける準備を始めましょうか。
4　もう９時か、会議はそろそろ終わったはずだね。

4 誤解

1　計算を間違えてテストに誤解を書いてしまった。
2　面接で質問の意味がわからずに誤解を答えてしまった。
3　レポートの誤解に気づいて、すぐに書き直した。
4　彼の説明を聞いて、あれは誤解だったと気がついた。

5 余分

1　旅行に行くときは余分な荷物を持っていかないようにしている。
2　恋人とケンカした友達に余分なことを聞いて怒られた。
3　朝からずっと携帯電話を使っているが、まだ電池に余分がある。
4　忙しくなりそうなので、余分なアルバイトを募集する。

文の組み立て Sentence composition

つぎの文の ＿★＿ に入る最もよいものを、１・２・３・４から一つえらびなさい。

1 彼女は将来 ＿＿ ＿＿ ＿★＿ ＿＿ そうだ。

1 練習をしてきた　　2 歌手になるために

3 歌とダンスの　　4 子どものときから

2 夜遅くまで音楽を ＿＿ ＿★＿ ＿＿ ＿＿ しまった。

1 聞いていたら　　2 と言われて　　3 近所の人に　　4 静かにしろ

3 （学校で）

太田「江口さんは、バスで通学してるの？ 朝の道路は混むから、遅刻しないか心配じゃない？」

江口「確かに、朝のバスは ＿＿ ＿＿ ＿★＿ ＿＿、早い時間に家を出ているから大丈夫だよ。」

1 けど　　2 遅れがちだ

3 から　　4 たまに心配になる

4 手術をする ＿＿ ＿★＿ ＿＿ ＿＿ なものらしい。

1 とても　　2 5分で終わる　　3 といっても　　4 簡単

5 先輩に今は日本語が ＿＿ ＿＿ ＿★＿ ＿＿ と言われた。

1 続けていれば　　2 上手に話せなくても

3 毎日勉強を　　4 上手に話せるようになる

第3週　2日目

目標解答時間　15分

＿＿＿月＿＿＿日

用法 Usage

つぎのことばの使い方として最もよいものを、１・２・３・４から一つえらびなさい。

1　欠点

1　テストに名前を書かないと、欠点になります。
2　弟の欠点は人の話を聞かないところです。
3　宿題を全部持ってきたつもりだったが、1つ欠点があった。
4　今あの選手の欠点は、けがをしている右足だ。

2　くわしい

1　野菜は一度水で洗ってから、くわしく切ってください。
2　この時計はとてもくわしくできていて、一度も遅れたことがない。
3　自動販売機でジュースを買いたかったが、くわしいお金がなくて困った。
4　昨日の会議の内容について、くわしいことは彼に聞いてください。

3　出来事

1　毎晩、寝る前に一日の出来事を日記に書いている。
2　警察は昨日の事件を見た人に出来事を聞きました。
3　兄の結婚や父の入院など今年は出来事ばかりの一年だった。
4　息子にとって運動会は学校で一番好きな出来事です。

4　たたむ

1　テストをしますから、教科書をたたんでください。
2　昨日の会議の内容を短くたたんで報告してください。
3　洗濯物が乾いたら、たたんでたんすにしまいましょう。
4　台風が来そうなので、今日の授業は1時間たたんで終わります。

5　新鮮

1　今朝採ったばかりの新鮮なトマトを食べた。
2　子どもはみんな新鮮な心を持っている。
3　今年大学を卒業して入社した新鮮な社員を紹介します。
4　新鮮な子犬が母犬の横で眠っている。

文の組み立て Sentence composition

つぎの文の ★ に入る最もよいものを、１・２・３・４から一つえらびなさい。

1 先輩(せんぱい)がインフルエンザで休むということなので、先輩(せんぱい) ＿＿ ＿＿ ★ ＿＿ となって会議の準備(じゅんび)をします。

1 が　2 にかわって　3 私　4 リーダー

2 私の会社では社員の ＿＿ ★ ＿＿ ＿＿ できる部屋が食堂の隣(となり)にある。

1 ゲームや　2 交流(こうりゅう)を　3 カラオケが　4 目的として

3 この薬(くすり)を飲むと ＿＿ ★ ＿＿ ＿＿ ようにしてください。

1 眠くなる　2 ので　3 恐(おそ)れがある　4 運転はしない

4 父は最近、＿＿ ★ ＿＿ ＿＿ 「あっ、忘れた」と言うことが多くなった。

1 かけて　2 っぽくて　3 忘れ　4 何か言い

5 暖(あたた)かい色がはやった去年の夏とは違い、今年はうすい ★ ＿＿ ＿＿ ＿＿ 服が人気だそうだ。

1 感じる色の　2 といった　3 青や緑(みどり)　4 涼(すず)しさを

第3週 3日目

目標解答時間 15分

＿＿＿月＿＿＿日

用法 Usage

つぎのことばの使い方として最もよいものを、１・２・３・４から一つえらびなさい。

1 育てる

1 私が育てた野菜を料理して、家族みんなで食べました。
2 悪い関係を育てないように、恋人とはなんでも話し合います。
3 このビルを育てるのに、1億円以上かかりました。
4 看護師は病気の人を育てる仕事です。

2 穏やか

1 このホテルは部屋が穏やかなのでリラックスできる。
2 春になって庭の花が穏やかに咲き始めた。
3 仕事が終わったし、穏やかなお茶を飲んで休憩しましょう。
4 今日の海は波が少なくて穏やかなので、泳ぐことができますよ。

3 生産

1 この工場ではテレビを生産している。
2 ５月に二人目の子どもを生産しました。
3 有名な作家が新しい本を生産した。
4 母がすてきなシャツを生産してくれました。

4 結論

1 そろそろ結論しなければ、先生に叱られてしまいます。
2 ずっと考えているが、この問題はなかなか結論が出ない。
3 合格でも不合格でも、入学試験の結論が出たら、すぐ報告します。
4 結論を見ながら数学の宿題をするなんて、だめですよ。

5 雇う

1 新しいパソコンを雇って、仕事が早くなりました。
2 大学を卒業したら、有名な会社に雇いたいです。
3 店が忙しくなってきたので、アルバイトを雇った。
4 気に入ったので、若い画家の作品を雇いました。

文の組み立て Sentence composition

つぎの文の＿★＿に入る最もよいものを、１・２・３・４から一つえらびなさい。

1 ご飯を ＿＿＿ ＿★＿ ＿＿＿ ＿＿＿ おいてください。

1 終わったら　2 食べ　3 洗って　4 お皿(さら)を

2 私は彼(かれ) ＿＿＿ ＿＿＿ ＿★＿ ＿＿＿ から、留学(りゅうがく)するのが不安なんです。

1 英語が　2 ではない　3 上手　4 ほど

3 大田(おおた)「松井(まつい)さんは連休中、何をしましたか。」
松井(まつい)「いつも仕事が大変(たいへん)で ＿＿＿ ＿＿＿ ＿★＿ ＿＿＿ いたよ。」

1 いるから　2 疲(つか)れて　3 ばかり　4 寝(ね)て

4 お酒を飲んでもいい ＿＿＿ ＿＿＿ ＿★＿ ＿＿＿ 違うので、海外旅行をするときは気をつけたほうがいい。

1 年齢(ねんれい)　2 国　3 は　4 によって

5 あとで ＿＿＿ ＿★＿ ＿＿＿ ＿＿＿ きてくれませんか。

1 手紙を出して　2 買い物に行く　3 さっき書いた　4 ついでに

第3週　4日目

目標解答時間　15分

＿＿月＿＿日

用法 Usage

つぎのことばの使い方として最もよいものを、1・2・3・4から一つえらびなさい。

1　楽(らく)

1　このスポーツはルールが楽(らく)で誰(だれ)でも楽しめる。
2　今朝(けさ)は時間がなかったので、楽(らく)なご飯を食べました。
3　カラオケとかピクニックとか、何か楽(らく)なことをしたい。
4　洗濯機(せんたくき)や掃除機(そうじき)が発明され、家事が楽(らく)になった。

2　出張(しゅっちょう)

1　来週、部長と一緒(いっしょ)に大阪(おおさか)支社へ出張(しゅっちょう)することになった。
2　今年の夏休みは家族(かぞく)で北海道(ほっかいどう)に出張(しゅっちょう)するつもりだ。
3　あの店は電話をすると、30分以内に料理を出張(しゅっちょう)してくれる。
4　私はいつも同じ時間に会社に出張(しゅっちょう)して、同じ時間に帰る。

3　けずる

1　服についたケチャップを洗剤(せんざい)でけずった。
2　体重をけずるためにマラソンを始めた。
3　このナイフでえんぴつをけずってください。
4　間違いは消しゴムでけずってきれいに書き直そう。

4　重大

1　あの人は30年この会社に勤めている重大な人だ。
2　パスポートなど重大な物はここにしまってください。
3　昨日(きのう)、仕事で重大なミスをしてしまった。
4　今朝(けさ)、重大な地震で電車が止まった。

5　配る

1　夏休みに帰国して買ったお土産(みやげ)を、クラスのみんなに配った。
2　近所の人の手紙がうちのポストに入っていたので、郵便局(ゆうびんきょく)に配った。
3　新しい部屋に引(ひ)っ越(こ)して、ベッドを壁側(かべがわ)に、机を窓(まど)の近くに配った。
4　昨日(きのう)の宿題をクラスメートから集めて、村井(むらい)先生に配った。

文の組み立て Sentence composition

つぎの文の ＿★＿ に入る最もよいものを、１・２・３・４から一つえらびなさい。

1 ピアノは一生懸命（いっしょうけんめい） ＿＿ ＿★＿ ＿＿ ＿＿ なると思います。

1 ほど　2 上手に　3 練習する　4 練習すれば

2 大切な ＿＿ ＿＿ ＿★＿ ＿＿ ことはできません。

1 対（たい）して　2 友達に　3 つく　4 うそを

3 夜中に家の ＿＿ ＿＿ ＿★＿ ＿＿ 目が覚（さ）めてしまった。

1 大きな　2 して　3 近くで　4 音が

4 娘（むすめ）が ＿＿ ＿＿ ＿★＿ ＿＿ 学校から帰ってきた。

1 顔を　2 泣きそうな　3 今にも　4 して

5 このレストランは人気で、 ＿＿ ＿★＿ ＿＿ ＿＿ ことができない。

1 店に入る　2 からでない　3 予約して　4 と

第3週 5日目

目標解答時間 15分

＿＿月＿＿日

用法 Usage

つぎのことばの使い方として最もよいものを、１・２・３・４から一つえらびなさい。

1 慌(あわ)てる

1 最近、睡眠不足(すいみんぶそく)なので夕べは慌(あわ)てて寝(ね)ました。
2 午後、友達がうちに来るので、慌(あわ)てて帰ります。
3 先生に突然(とつぜん)質問されて、慌(あわ)ててしまった。
4 次の電車まで時間がないので、慌(あわ)てましょう。

2 拡大(かくだい)

1 空港で両親は両手を拡大(かくだい)して私を迎(むか)えてくれた。
2 この表を２倍に拡大(かくだい)してコピーしてください。
3 あの人は小さなことでも拡大(かくだい)して話すことがある。
4 公園のベンチにハンカチを拡大(かくだい)して座(すわ)った。

3 積(つ)もる

1 朝起きて窓(まど)を開けたら、庭(にわ)に雪が積(つ)もっていた。
2 宝くじで１億(おく)円当たったときのことを考えると、夢(ゆめ)が積(つ)もる。
3 夜に雨が降ったらしい。庭(にわ)に置いたバケツに水が積(つ)もっていた。
4 今週の土曜日は、約束が積(つ)もっているので、忙(いそが)しい。

4 つらい

1 子どものころ、性格(せいかく)がつらくてあまり友達がいなかった。
2 つらく結(むす)んだリボンが取れなくなってしまった。
3 寒くて手が氷のようにつらくなった。
4 どんなにつらくても目標(もくひょう)に向かってがんばります。

5 どうしても

1 私が焼(や)いたケーキです。どうしても食べてください。
2 間に合わないと思いましたが、どうしても間に合いました。
3 何度も考えましたが、どうしてもこの問題がわかりません。
4 試験にどうしても合格(ごうかく)できますように、願っています。

文の組み立て Sentence composition

つぎの文の＿★＿に入る最もよいものを、１・２・３・４から一つえらびなさい。

1 母親が自分の ＿＿＿ ＿＿＿ ＿★＿ ＿＿＿ ニュースを見た。

1 信(しん)じがたい　2 子どもに食事を　3 という　4 与(あた)えない

2 周りに心配ばかりかけていた弟も今では小学校の ＿＿＿ ＿＿＿ ＿★＿ ＿＿＿ と聞いて安心した。

1 仕事をしている　2 立派(りっぱ)に　3 として　4 先生

3 このドアは壊(こわ)れていて ＿＿＿ ＿＿＿ ＿★＿ ＿＿＿ 修理(しゅうり)することにした。

1 にも　2 閉めよう　3 ので　4 閉まらない

4 シンさんはアニメ ＿＿＿ ＿★＿ ＿＿＿ ＿＿＿ 「アニメ先生」と呼ばれている。

1 何でも知っているので　2 ことなら
3 友達から　4 に関する

5 私が通(かよ)っていた日本語学校では ＿＿＿ ＿＿＿ ＿★＿ ＿＿＿ まで教えてくれた。

1 の作り方　2 はもちろん　3 日本料理　4 日本語

第4週 1日目

⌛ 目標解答時間 15分

＿＿＿＿月＿＿＿＿日

文法形式の判断 Selecting grammar form

つぎの文の（　　）に入れるのに最もよいものを、1・2・3・4から一つえらびなさい。

1 母（　　）この絵は捨(す)てることができない大切なものだ。

1 といえば　　2 にとって　　3 のとおり　　4 について

2 悪いことをしたら、きちんと謝(あやま)る（　　）だと思う。

1 よう　　2 ため　　3 べき　　4 わけ

3 （学校で）

工藤(くどう)「今夜、映画に行かないって聞いたけど本当？」

松渕(まつぶち)「うん。明日はテストがあるし、（　　）少し頭も痛(いた)いんだ。」

工藤(くどう)「そっか。お大事にね。」

1 それに　　2 どうか　　3 それなら　　4 どうしても

4 （電話で）

木下(きのした)「もしもし？ 今朝(けさ)、メール送ったんだけど、読んでくれた？」

神田(かんだ)「ごめん、今、起きた（　　）だから、まだ読んでないんだ。」

1 とたん　　2 とき　　3 ばかり　　4 はず

5 まだ一度も着ていない新しい服を弟に（　　）しまった。

1 汚(よご)れて　　2 汚(よご)されて　　3 汚(よご)させて　　4 汚(よご)させられて

6 （会社で）

西川(にしかわ)「部長、高橋(たかはし)様が（　　）ました。」

部長「そうか。じゃあ、応接室(おうせつしつ)にご案内して。」

1 お目にかかり　　2 おいでになり　　3 お伺(うかが)いいたし　　4 お会いになり

7 先生の話によると、来週のマラソン大会は（　　）。

1 中止になったとのことだ　　2 中止にしてほしい

3 中止させようと思う　　4 中止にすることだ

8 兄はいつも、本を（　　　）全然読まないのに、また何冊も買ってきた。

1 買わないで　　2 買うだけで　　3 買えなくて　　4 買うせいで

9 そのレストランは、やる気さえあれば、（　　　）働かせてくれる。

1 経験しているので　　2 経験したくても

3 経験が長いことで　　4 経験がなくても

10 （電話で）

妻「もしもし？　今、駅に着いたんだけどね、雨が降ってきちゃって。」

夫「本当？　じゃあ今、傘を（　　　）。ちょっと待ってて。」

妻「ありがとう。助かる。」

1 持ってきたよ　　2 持っていくよ　　3 持っているよ　　4 持っておくよ

11 （旅行先で）

客　「この荷物は、バスまで自分で持っていかなければなりませんか。」

ガイド「いいえ、係りがお持ち（　　　）ので、ご心配なく。」

1 申します　　2 なさいます　　3 ございます　　4 いたします

12 （スーパーで）

子「ねえ、スイカだよ！　これ食べたいよ！」

母「これはちょっと（　　　）すぎるし、今日は車で来てないから運べないよ。」

1 大き　　2 大きい　　3 大きく　　4 大きくなり

13 小泉「有田さん、最近スポーツジムに行ってるって聞きましたよ。」

有田「妻に太ったって言われたから、できるだけ（　　　）。」

1 運動するようにしたかったんだ　　2 運動するようにしているんだ

3 運動できるようにしたかったんだ　　4 運動できたらいいと思っていたんだ

文章の文法 Text grammar

つぎの文章を読んで、文章全体の内容を考えて、[1] から [5] の中に入る最もよいものを、1・2・3・4から一つえらびなさい。

下の文章は、留学生が書いた作文です。

わかりにくい日本語

スロマン　カイ

日本語は難しい。文字は３種類もあるし、女性的な言葉と男性的な言葉がある。しかし、私が一番困っているのは、日本語には同じ言葉なのに、意味が全然違うものが多いという [1] だ。

[2] 、「すみません」には「ごめんなさい」「ちょっといいですか」「ありがとう」という意味が、「けっこうです」には「ＯＫです」「いりません」。そして、「いい加減」には「ちょうどいい」「ちゃんとしない」などの意味がある。日本人の友達に、どのように使い分ければいいのかを聞いても、日本人は会話の流れで判断しているから、言葉ではうまく説明ができないという。つまり、[3] 。

また、敬語の使い方もよくわからない。もちろん、年上の人に丁寧に話さなければならないことは [4] 、相手との関係が近くなると敬語を使わなくなったり、家ではお父さんのことを「お父さん」と呼んでいるのに、他の人に話すときは「父」と言ったり、本当にわかりにくい。私は、間違えるのが恥ずかしくて、これらの日本語をできるだけ [5] 。しかし、それではだめだと気がついた。たくさん間違えてもいいから、少しずつ覚えていこうと思う。

いつか、日本語を自由に、自然に使えるようになりたい。

1

1 そう　　2 もの　　3 よう　　4 こと

2

1 まるで　　2 例(たと)えば　　3 なるほど　　4 すると

3

1 慣(な)れているはずだ　　2 慣(な)れるしかない
3 慣(な)れてきたところだ　　4 慣(な)れるまで待てない

4

1 理解(りかい)しがたいが　　2 理解(りかい)させたが　　3 理解(りかい)できるが　　4 理解(りかい)したがるが

5

1 使えるようにしてきた　　2 使えるようにしていく
3 使わないようにしてきた　　4 使わないようにしていく

第4週　2日目

目標解答時間　15分

＿＿＿月＿＿＿日

文法形式の判断 Selecting grammar form

つぎの文の（　　）に入れるのに最もよいものを、１・２・３・４から一つえらびなさい。

1　クラスのリーダーは吉田さんがいい。（　　）まじめだし、みんなの意見をまとめる力があるからだ。

1　なぜなら　　2　そのため　　3　だが　　4　それに

2　子「今日、学校であや子ちゃんに冗談を言ったら、泣いちゃって……。」
父「（　　）冗談でも、相手が嫌だと思うことを言ってはいけないよ。」

1　もしかしたら　　2　どうも　　3　どうしても　　4　たとえ

3　母は仕事で海外に（　　）たびに、その国の珍しいお土産を買ってきてくれる。

1　行って　　2　行く　　3　行った　　4　行こう

4　夕べたくさんお酒を飲んだ（　　）、今日は朝から頭が痛い。

1　せいで　　2　ことから　　3　といえば　　4　とともに

5　天気予報では晴れだと言っていたけど、雨が（　　）から、傘を持っていこう。

1　降るとは限らない　　2　降るわけだ
3　降らないとは限らない　　4　降らないわけだ

6　娘がどこに行くか（　　）出かけたので心配です。

1　言っては　　2　言ったから
3　言わずに　　4　言わなかったもので

7　窓を開けて（　　）、鳥が入ってきてびっくりした。

1　寝れば　　2　寝ようと思って　　3　寝たのに　　4　寝ていたら

8　病院で検査した結果、医者に食べ物のアレルギーだと（　　）。

1　言いました　　2　言われました
3　言わせました　　4　言わせられました

9 （先生のお宅から帰るとき）

私　「今日は、いろいろなおいしい料理、ごちそうさまでした。」

先生の夫「いいえ、こちらこそ楽しかったですよ。またいつでも（　　　）。」

1　おいででしょうか　　　2　おいでください

3　おいでになりますか　　　4　おいででございます

10 子「ただいま。」

親「おかえり。雨、まだ降ってる？」

子「うん。でも、傘をさす（　　　）じゃないよ。」

1　ほど　　2　こと　　3　もの　　4　よう

11 （引っ越しの前日）

引っ越す人「すみません、隣の者ですが、明日引っ越しで荷物を車に乗せるのに、空いている駐車場を1時間ほど（　　　）んですが……。」

隣の家の人「午前中なら使っていないので、かまいませんよ。」

1　使わせていただきたい　　　2　使っていただきたい

3　使わされる　　　4　使われたい

12 （スポーツ選手へのインタビューで）

レポーター「鈴木選手、優勝おめでとうございます。」

鈴木選手「ありがとうございます。みなさんが応援して（　　　）おかげで、最後までがんばることができました」

1　くださる　　2　くださって　　3　くださった　　4　ください

13 正月に田舎に帰ると、食べては（　　　）。

1　太ってしまった　　　2　おいしいものがたくさんある

3　食べてばかりいる　　　4　寝て過ごしてしまう

文章の文法 Text grammar

つぎの文章を読んで、文章全体の内容を考えて、［1］から［5］の中に入る最もよいものを、1・2・3・4から一つえらびなさい。

下の文章は、ある大学の就職課が書いた就職活動のアドバイスです。

就職活動を始める学生さんへ

大学3年生になり、就職のための活動を考えていると思います。毎年、周りの学生が活動を［1］、まだ自分が何も始めていないことに不安を感じてしまう人が出てきます。不安になる人の多くは「自分に何が向いているかわからないし、働きたいという会社もなくて、何から始めたらいいかわからない」という場合が多いです。もし、あなたが同じように不安を感じているなら、まず仕事の種類［2］、どんな会社があるか知ることから始めてみてください。そして、少しでもいいと思う会社に同じ大学の卒業生がいれば訪問して、その会社に入ったら1年目はどんなことをして、3年たったら何ができるのかを聞きましょう。入った後に、期待とは全然違ったと［3］ことも少なくないからです。

［4］ように会社を調べたり、卒業生を訪問して話を聞たりするうちに、やりたいことが見えてくると思います。将来やりたいことが見えれば、その次にやるべきことがわかり、不安は次第に［5］と思います。あまり周りを気にせず、自分のペースで一つ一つ進めていくようにしましょう。

1

1 し始めて以来　　2 し始めるより
3 し始めると　　4 し始めようと

2

1 のように　　2 を通じて　　3 にかけて　　4 を問(と)わず

3

1 思ってしまう　　2 思われてしまう　　3 思わせてもらう　　4 思ってもらう

4

1 この　　2 それ　　3 あの　　4 どれ

5

1 なくなりそうだ　　2 なくなっていく
3 なくなるわけではない　　4 なくなってほしい

第4週 3日目

目標解答時間 15分

＿＿＿月＿＿＿日

文法形式の判断 Selecting grammar form

つぎの文の（　　）に入れるのに最もよいものを、1・2・3・4から一つえらびなさい。

1 今日は風邪（かぜ）（　　）なので、学校を休みます。

1 だらけ　2 ぎみ　3 くらい　4 ほど

2 中山（なかやま）「あれ？ 佐々木（ささき）さんはどこにいますか。」
高橋（たかはし）「ああ、もういませんよ。たった今（　　）ところです。」

1 帰った　2 帰る　3 帰って　4 帰ろう

3 私は歌が苦手（にがて）なのに、カラオケで友達に（　　）嫌（いや）な気分になった。

1 歌われて　2 歌えて　3 歌わせて　4 歌わせられて

4 鈴木（すずき）「あの、会議の資料（しりょう）なんですが、他の仕事に時間がかかっていて……。」
課長（かちょう）「（　　）まだ完成（かんせい）していないということですね。」

1 または　2 つまり　3 しかし　4 さらに

5 あんなに遠いところまで、一日で歩いて行ける（　　）。

1 わけがない　2 ことがない　3 らしい　4 ものだ

6 この島には5月から9月に（　　）たくさんの観光客（かんこうきゃく）がやってくる。

1 つれて　2 かわって　3 かけて　4 とって

7 客（きゃく）「30分前にコーヒーを注文したのですが、まだ来ていないんです。」
店員「（　　）。確認（かくにん）してまいります。」

1 申（もう）し訳（わけ）ありません　2 お待たせしました
3 お先に失礼（しつれい）します　4 お越（こ）しください

8 「世界が平和（へいわ）に（　　）。」と祈（いの）りました。

1 なりなさい　2 なるでしょう　3 なりたいです　4 なりますように

9 先週に（　　　）今週は天気がいい。

1　通じて　　2　加えて　　3　比べて　　4　対して

10 子どものころの経験（　　　）本を書きました。

1　のうちに　　2　のおかげで　　3　とともに　　4　をもとに

11 学生「先生はこの映画をもう（　　　）か。」
先生「はい。とてもいい映画でしたね。」

1　ご覧になります　　2　ご覧にいれます
3　ご覧になりました　　4　ご覧にいれました

12 今日の夕飯はラーメン（　　　）しました。

1　を　　2　が　　3　に　　4　で

13 田中「明日は予定がありますか。」
小島「友達と買い物に行く（　　　）。」

1　ことがあります　　2　ことになっています
3　ようにします　　4　ようになります

文章の文法 Text grammar

つぎの文章を読んで、文章全体の内容を考えて、[1] から [5] の中に入る最もよいものを、1・2・3・4から一つえらびなさい。

下の文章は、ある人のブログ（インターネット上の日記）の文章です。

シェアサイクル

私は自転車を持っていません。でも、私は自転車によく乗ります。シェアサイクルというサービスを利用しているのです。街中に「ステーション」という専用の駐輪場がいくつもあって、サービスに登録している人は、そこに置いてある自転車を自由に借りられます。利用料金は15分130円です。でも、もしその日のうちに2時間以上乗る場合は、何時間 [1] 1,000円です。休みの日に少し乗るだけなら、自転車を一台買うよりも得だと思います。[2] 、自転車はガソリンを使わないので、自然にも優しいです。

このサービスの一番いいところは、この街の中なら好きなところで自転車を借りたり返したりできることです。今日も私は友達と一緒にシェアサイクルを使ってプールへ行き、自転車をプールの前の「ステーション」に返しました。プールでたくさん泳いだ [3] 疲れてしまったので、帰りは自転車ではなく、バスに乗って帰りました。もし、これが自分の自転車だったら、疲れていても自転車で [4] 。こういうとき、シェアサイクルは本当に便利だなと思います。

しかし、最近使い方がよくない人が多く、自転車を借りたら壊れていた、ということがよくあります。みんなで使う自転車なのだから、大切に [5] だと思います。みんながマナーを守り、より使いやすいサービスになってほしいです。

1

1 乗って　2 乗ると　3 乗っても　4 乗ったら

2

1 そのため　2 そのうえ　3 そのとおり　4 そのあと

3

1 とたんに　2 ようで　3 よって　4 せいで

4

1 帰るしかありません　2 帰ることがありません
3 帰らなくてもかまいません　4 帰りたくてたまりません

5

1 使うこと　2 使うはず　3 使うよう　4 使うべき

第4週 4日目

目標解答時間 15分

＿＿＿月＿＿＿日

文法形式の判断 Selecting grammar form

つぎの文の（　　）に入れるのに最もよいものを、1・2・3・4から一つえらびなさい。

1 先生「どうして他の席に座(すわ)りたいんですか。」
学生「今の席からだと、黒板の字が（　　）ので。」
1 見させる　2 見かける　3 見やすい　4 見づらい

2 この町に（　　）以来、一度も両親に会っていません。
1 引(ひ)っ越(こ)して　2 引(ひ)っ越(こ)した　3 引(ひ)っ越(こ)す　4 引(ひ)っ越(こ)し

3 とてもおいしいケーキだから、みんなにもぜひ（　　）。
1 食べよう　2 食べたがる　3 食べてほしい　4 食べたい

4 井上(いのうえ)「昼ご飯は和食にしましょうか。（　　）イタリア料理にしましょうか。」
村田(むらた)「イタリア料理にしましょう。」
1 そういえば　2 それとも　3 すると　4 それで

5 仕事が残(のこ)っている（　　）、飲み会には参加できません。
1 としても　2 くらいなら　3 かわりに　4 ものですから

6 （スーパーで）
妻(つま)「ええと、まだ冷蔵庫に卵があった（　　）？」
夫(おっと)「うん、あと3つあったと思う。」
1 って　2 っけ　3 よ　4 もん

7 （　　）ばかりの服を汚(よご)してしまった。
1 洗う　2 洗い　3 洗って　4 洗った

8 （うちで）

主人「こちらに座(すわ)ってください。今お茶を持ってきますね。」

客(きゃく)「どうぞ（　　　）。」

1　おかまいなく　　2　ご遠慮(えんりょ)なく　　3　お持ちください　　4　いらっしゃいませ

9 先生が話している（　　　）、誰(だれ)かの携帯(けいたい)電話が鳴った。

1　ように　　2　とともに　　3　最中に　　4　中心に

10 あまり行きたくないけれど、みんなが行くなら、私も（　　　）わけにはいかない。

1　行けない　　2　行ける　　3　行かない　　4　行く

11 大人になる（　　　）したがって、いろいろなことに興味(きょうみ)を持つようになりました。

1　の　　2　に　　3　と　　4　を

12 水野(みずの)「私のめがねを見ませんでしたか。」

木下(きのした)「授業(じゅぎょう)の後、机の上に（　　　）ままでしたよ。」

1　置かせる　　2　置かせた　　3　置く　　4　置いた

13 先日、社長のお宅(たく)に（　　　）とき、私は傘(かさ)を置いてきてしまいました。

1　伺(うかが)った　　2　まいった　　3　いらっしゃった　　4　お越(こ)しになった

文章の文法 Text grammar

つぎの文章を読んで、文章全体の内容を考えて、[1] から [5] の中に入る最もよいものを、1・2・3・4から一つえらびなさい。

下の文章は、ある人のブログ（インターネット上の日記）の文章です。

ラジオを聞くこと

私の母はラジオが好きです。テレビは全然見ません。私は子どものころ、「テレビのほうがおもしろいのに、お母さんはなんでラジオ [1] 聞くんだろう」と不思議に思っていましたが、大人になってその理由がわかりました。洗濯物をたたんでいるときや料理をしているとき、テレビを見るのは難しいですが、ラジオならば音を聞くだけで十分 [2] のです。私も自分で家事をするようになって、ラジオをよく聞くようになりました。

テレビでは、音だけではなく、映像や文字、そして表情や動作を使って情報を伝えます。[3] 、ラジオは声と音だけで伝えなければなりません。毎朝聞いているラジオ番組があるのですが、その番組の司会者は、素晴らしいと思います。映像がなくてもニュースの内容や彼女の意見がきちんと [4] 。さらに、彼女の日本語はきれいで丁寧です。私は彼女の声を [5] 元気が出て、今日もいい一日になりそうだと思うのです。

1

1　なんか　　2　まで　　3　にしても　　4　やら

2

1　楽しんでもかまわない　　2　楽しむことができる
3　楽しいに決まっている　　4　楽しいことになっている

3

1　または　　2　それなら　　3　ところで　　4　一方

4

1　伝わってくるからです　　2　伝わらないからです
3　伝えさせるからです　　4　伝えるからです

5

1　聞いてから　　2　聞くように　　3　聞くと　　4　聞いて

第4週 5日目

目標解答時間 15分

＿＿＿月＿＿＿日

文法形式の判断 Selecting grammar form

つぎの文の（　　）に入れるのに最もよいものを、１・２・３・４から一つえらびなさい。

1 先生はスポーツ大会（　　）説明しました。

1 にとって　2 といえば　3 について　4 といい

2 結婚する（　　）、親切でおもしろい人がいい。

1 ばかりに　2 ため　3 ように　4 なら

3 会議に遅（おく）れてしまったと思った。（　　）、まだ誰（だれ）も来ていなかった。

1 そこで　2 ところが　3 それから　4 ところで

4 天野（あまの）「明日、澤木（さわき）さんは忙（いそが）しくて来られないそうですよ。」
福島（ふくしま）「残念（ざんねん）ですね。澤木（さわき）さんも（　　）いいのに。」

1 来ても　2 来なくても　3 来られれば　4 来なければ

5 （旅行先で）
ガイド「昨夜（さくや）はよく（　　）か。」
客（きゃく）「ええ、おかげさまでよく眠れました。」

1 お休みいたしました　2 お休みになれました
3 お休みされました　4 お休みはとれました

6 昨日（きのう）、私は遊びに行きたかったのに、母に妹の世話（せわ）を（　　）。

1 しました　2 されました　3 させました　4 させられました

7 妻（つま）「ねえ、そこの窓（まど）を閉めてよ。寒いよ。」
夫（おっと）「さっき、タバコを吸（す）ったから、（　　）あるんだよ。」

1 開いて　2 開けて　3 閉めて　4 閉まって

8 寿司（すし）は（　　）、世界中で食べられている。

1 日本において　2 日本によって　3 日本をはじめ　4 日本を通して

9 去年落ちてしまったJLPTのN3に今年（　　　）合格したいので、毎日がんばって勉強しています。

1 だけ　　2 さえ　　3 から　　4 こそ

10 （うちで）

三吉「どうぞ遠慮しないで（　　　）ください。」

渡部「ありがとうございます。では、サラダからいただきます。」

1 いただいて　　2 ちょうだいして　　3 召し上がって　　4 差し上げて

11 サッカーのルールを全然知らなかったが、試合を（　　　）だんだんわかってきた。

1 見ようとしたら　　2 見ているうちに　　3 見たとたんに　　4 見るついでに

12 （待ち合わせ場所で）

石井「まだ、出発しないんですか。」

岡田「全員（　　　）出発しますので、もうしばらくお待ちください。」

1 集まると　　2 集まりしだい　　3 集まるかどうか　　4 集まったようで

13 明日の遠足では飲み物が配られますから、自分で（　　　）。

1 持っていこうと思っています

2 持っていくことになっています

3 持っていくことはありません

4 持っていくつもりです

文章の文法 Text grammar

つぎの文章を読んで、文章全体の内容を考えて、[1] から [5] の中に入る最もよいものを、1・2・3・4から一つえらびなさい。

下の文章は、留学生が書いた作文です。

日本に来て驚いたこと

ファルホド　ジョン

私は日本に来て驚いたことがたくさんあります。例えば、レストランやコンビニに入ると店員さんが「いらっしゃいませ」と言って笑顔で迎えてくれることです。はじめて「いらっしゃいませ」と言われたときは、なんと言って返事をすればいいのかわからなくて、日本語学校の先生に返事の仕方を聞きました。先生は、「あなたはお客さんだから特に [1] 」と教えてくださいましたが、私はそれでは何だか店員さんに悪いような気がして、いつも心の中で「はい」と返事をしています。

また、お知らせや看板などにキャラクターなどの絵が多く [2] ことにも驚きました。これは、子どもだけでなく、外国人の私たちにもわかりやすいです。 [3] 、親しみを感じられるのでとてもいいと思います。例えば、工事の音がうるさいと思っていらいらしても、おじぎをしたキャラクターの絵と一緒に「ご迷惑をおかけしております」と書かれた看板を見ると、なぜか [4] 。このようなことは、きっと日本に来なければ、経験することが [5] 。

日本にはまだまだ私の知らないことがありますから、もっともっと日本について知りたいと思っています。

1

1　何か言わなければならない
2　何も言わなくていい
3　何か言ったかもしれない
4　何も言っていないのならいい

2

1　使う　　2　使った　　3　使われている　　4　使っている

3

1　つまり　　2　それに　　3　そこで　　4　一方

4

1　優（やさ）しくしたがります　　2　優（やさ）しい気持ちになれません
3　優（やさ）しくされます　　4　優（やさ）しい気持ちになります

5

1　できたのです
2　できなかったわけではありません
3　できるところでした
4　できなかったはずです

言葉を覚えよう２

※＿＿＿＿には意味を調べて書きましょう。

動詞

□諦める　＿＿＿＿＿　どんなに大変でも諦めずに、がんばろうと思います。

□飽きる　＿＿＿＿＿　この映画は面白くて、何度見ても飽きません。

□慌てる　＿＿＿＿＿　駅に着いて、財布がないことに気づいて慌てた。

□インタビューする　＿＿＿＿＿　レポーターが試合が終わった選手にインタビューしている。

□受かる　＿＿＿＿＿　希望の大学に受かったことを両親に知らせた。

□重ねる　＿＿＿＿＿　お皿を５枚ずつ重ねて、その棚にしまってください。

□カンニングする　＿＿＿＿＿　試験でカンニングすると、０点になります。

□気に入る　＿＿＿＿＿　母にプレゼントを買ったが、気に入ってくれるだろうか。

□緊張する　＿＿＿＿＿　スピーチ大会で緊張して、声が震えてしまった。

□繰り返す　＿＿＿＿＿　失敗を繰り返さないように、失敗の後に反省することが大切だ。

□支度する　＿＿＿＿＿　出発は10時です。遅れないように、支度してください。

□済む　＿＿＿＿＿　宿題が済んだら、すぐ食事をしてアルバイトに行きます。

□悩む　＿＿＿＿＿　あまり悩まずに、やりたいと思ったことをやってください。

□募集する　＿＿＿＿＿　あの店は今アルバイトを募集している。

□まとめる　＿＿＿＿＿　捨てたい雑誌や新聞などはここにまとめて置いておいてください。

副詞

□きちんと　＿＿＿＿＿　玄関で靴を脱いだら、きちんとそろえて置いてください。

□偶然　＿＿＿＿＿　昨日、駅前で偶然高校時代の友人に会いました。

□ぐっすり　＿＿＿＿＿　夕べはぐっすり寝ていて地震に気がつきませんでした。

□せっかく　＿＿＿＿＿　せっかくお弁当を作ったのに、雨で遠足が中止になった。

□たった　＿＿＿＿＿　たった１分遅刻しただけなのに、試験が受けられなかった。

□たまに　＿＿＿＿＿　映画はたまに見るくらいなので、それほど詳しくないです。

□次々　＿＿＿＿＿　今日はお客様が次々に来て、休む暇がなかった。

□どうしても　＿＿＿＿＿　どうしてもわからない問題は、答えを見てもかまいません。

□突然　＿＿＿＿＿　学校から帰る途中、突然雨に降られてすっかり濡れてしまった。

□二度と　＿＿＿＿＿　あんなサービスの悪い店、二度と行きたくない。

□まもなく　＿＿＿＿＿　まもなく電車がまいります。ご注意ください。

□まるで　＿＿＿＿＿　このロボットはまるで人間の心を持っているかのように話す。

□めったに　＿＿＿＿＿　この犬はめったにほえないが、雷が鳴るとほえることがある。

□最も　＿＿＿＿＿　東京スカイツリーは日本で最も高い建物だ。

読解編

Reading

例題と解き方 ～読解編～

内容理解 Comprehension

➤ 説明文・解説文・エッセイ　Explanations, commentaries, and essays

長めの文章を読み、概要、文章を書いた人の考え・主張などを理解できるかを問う問題です。200字程度の「短文」、350字程度の「中文」、550字程度の「長文」の3パターンがあります。

This problem involves reading a relatively long passage and answering questions that test your understanding of the passage's gist, the writer's thoughts and assertions, and so forth. There are three patterns: short passages (approx. 200 characters), mid-size passages (approx. 350 characters), and long passages (approx. 550 characters).

例題 1

家事の料理と趣味の料理は全く違うと私は思う。家事の料理では、冷蔵庫に残っている肉や野菜を無駄にしないで使い切ることをまず考える。一方、趣味の料理ではそんなことは気にしない。食べたいものを決めて、必要な材料をすべて買ってきてから始める。そして、時間も十分に使って丁寧に料理する。できる料理は立派なので、家族がとても喜んでくれる。これが嬉しくて私は料理するのだ。趣味の料理だけしていられればいいのにと思ってしまう。

指示語があったら、その部分に何が入るか考えながら読む。

[原因・理由]の表現「くて」に注目する。

1 そんなこととはどんなことか。

1 必要な材料を準備すること
2 冷蔵庫にある材料を使うこと
3 おいしい料理を作ること
4 急いで作ること

2 文章の内容に合うのはどれか。

1 「私」は家族がいるから仕方なく料理をする。
2 「私」は家族が食べたいものを聞いて料理をする。
3 「私」は家族に料理をしてもらうのが好きだ。
4 「私」は家族が喜ぶ料理をするのが好きだ。

STEP 1 質問を読んで、読むポイントをつかもう

Read the questions to learn what you need to focus on when reading the passage.

- いきなり文章を読み始めても、情報が多すぎて問題が解けないことが多い。文章を読む前にまずは質問を読んで、「何を探さなければならないか」をつかむ。

- よく出る質問のパターン

① 文章全体の意味を理解しているかを聞く質問

[主張・意見]　「この文章を書いた人（私）が言いたいことは何か」
　　　　　　　「この文章を書いた人（私）はどう考えているか」
[内容の理解]　「文章の内容に合うのはどれか」

②文章の部分的なところを正しく読み取れているかを聞く質問

[原因・理由]　「～はなぜか」「どうして～か」
[言い換え・説明]　「～はどういう意味か」「～とは何のことか」
[指示語の説明]　「これ／それはどういう意味か」
[主語・対象語]　「～はだれか」「～は何か」

STEP 2 本文を読んで、答えを探そう

Look for the answers as you read the passage.

- 繰り返し出てくる言葉は、キーワードである。キーワードが入っている文は注意して読む。

- **[主張・意見]** や、**[内容の理解]** についての問題は、以下の①～③をチェックする。

① 最後の段落
文章を書いた人の主張や意見は最後の段落にまとめてあることが多い。

② 主張を表す表現
～と思う／～と考える／～はずだ／～はずがない／～べきだ／～ではないだろうか　など

③ 以下の接続詞を含む文
・逆接の接続詞：しかし／けれども／だが／それでも　など
・言い換えの接続詞：つまり　など
・結論を表す接続詞：このように／だから／そのため　など

- **[原因・理由]** の場合は、以下の表現に注目して、答えを探す。
～から／～ので／～くて／～し～し／～んです／～ものだから／～ため／～によって／～ばかりに／～おかげで／～せいで　など

- **[言い換え・説明]** の場合は、以下の表現に注目して、答えを探す。
～とは…のことである／～というのは…ということだ／～といえば…であろう　など

☞［指示語の説明］［主語・対象語］の場合、その前か後ろに具体的な例などのヒントがあることが多い。まず、それらが入った文をよく読んで、内容をつかむ。それから、その文の前後から答えを探す。

例：そんなこととはどんなことか。

家事の料理では、冷蔵庫に残っている肉や野菜を無駄にしないで使い切ることをまず考える。一方、趣味の料理ではそんなことは気にしない。

「そんなこと」のすぐ前を探す。

読解

例題と解き方

➤ お知らせ文・メール文　Notices and emails

内容理解（短文）には、200字程度のお知らせやメール、手紙の問題が出ることがあります。

The Comprehension short-passage problems sometimes include notices, emails, or letters of roughly 200 characters in length.

例題2

「にこにこデパート　駅前店」開店のお知らせ

9月5日（土）に「にこにこデパート　駅前店」が開店いたします。開店を記念し、開店日から3日間、セールを行います。1日目は食品、2日目はお酒、3日目は電気製品が1割引きとなります。また、開店日に3階のレストランでお食事をされたお客様には、記念のワインを1本、おみやげにプレゼントいたします。他では飲めない特別な品です。ぜひお越しください。

日付などの数字が出てきたら、問題に関係することが多いので必ずチェック。

営業時間

月～金　　10時～20時

土日祝　　9時～20時

にこにこデパート　駅前店

1　お酒を安く買いたい人はどうすればいいか。

1　9月5日にデパートへ行く。

2　9月6日にデパートへ行く。

3　9月5日にデパートのレストランで食事をする。

4　9月6日にデパートのレストランで食事をする。

問題文を最初に読んで、必要な情報をチェックする。この問題ならお酒についての情報を探せばいい。

STEP 1 質問を読んで、何を探せばいいか理解しよう

Read the question to find out what you need to look for in the passage.

① 全体的な内容を聞く質問

[目的]　「この文章は何を知らせているか」「この文章の目的は何か」「この文章からわかることは何か」

[タイトル・件名]　「この文章のタイトルは何がいいか」「このメールの件名として最も適切なものはどれか」

② 部分的な内容を聞く質問

[値段・期日・期間]　「〜はいくらか」「〜はいつか」「〜はいつからいつまでか」

[対応]　「この人は何をすればいいか」

STEP 2 本文を読んで、答えを探そう

Look for the answer as you read the passage.

☞ 全体的な内容についての質問なら、文章から答えを探す。その際は手紙やメール、お知らせなどの一般的な形式を思い出す。
※これから本題へ入ることを知らせる言葉「さて」「この度」「つきましては」などは要注意。

☞ [値段・期日・期間] は、文章ではなく数字やリストの中に答えが隠れていることが多い。

情報検索 Information retrieval

生活の中でよく見るような広告やお知らせを見て、必要な情報を読み取れるかを問う問題です。

This problem involves picking out specific information in everyday ads, notices, etc.

STEP 1 質問を読んで、どんな情報を探せばいいか理解しよう

Read the question to find out what information you need to search for.

☞ まずは質問を読んで、どんな情報を探すのか、ポイントを理解する。特に、質問の中にある「いつ」「だれ」「どこ」などの「条件」は必ず確認する。

STEP 2 必要な情報を見つけよう

Find the information required.

☞ すべてを細かく読む必要はない。必要な情報が書かれているところを集中して読む。

☞ 質問が「いつ」「いくら」であれば、数字が書かれているところを中心に探す。

☞ 細かい条件は「注意」や「※」を使って書かれていることが多いので必ずチェックする。

STEP 3 正しい答えを選ぼう

Select the correct answer.

- 読み取った情報と選択肢を比べて、正しい答えを探す。
- 計算が必要になる問題もあるので、計算ミスをしないように注意すること。

例題3

右のページは、「中町ガイドツアー」の案内である。これを読んで、下の質問に答えなさい。答えは、1・2・3・4から最もよいものを一つ選びなさい。

1 松川さんは10歳と6歳の子どもと一緒に、3人で「中町ガイドツアー」に参加する。食べられるおみやげがあるツアーに参加したい。参加費は全部でいくらか。

まず「条件」を確認。

1 1,200円

2 1,700円

3 2,500円

4 3,500円

2 大野さんはDコースに参加したい。日本語ができない友達が一緒なので、英語のツアーに参加したいと思っている。どうやって参加すればいいか。

1 1週間前までに予約して、当日13時50分にサクラ橋へ行く。

2 1週間前までに予約して、当日14時00分に観光センター入口前へ行く。

3 2週間前までに予約して、当日13時50分にサクラ橋へ行く。

4 2週間前までに予約して、当日14時00分に観光センター入口前へ行く。

まず「条件」を確認。

例題の答え　**例題1** 2, 4　**例題2** 2　**例題3** 4, 3

中町ガイドツアーのご案内

中町では観光客の方向けに、毎週土曜日と日曜日にガイドツアーを行っております。英語でのツアーもございます。ぜひご参加ください。

〈コースと参加費について〉

コース名・時間	ツアー内容	参加費
Aコース：中町歴史散歩 開始：15:00 終了：17:00	ボランティアが中町の歴史をご案内します。ツアーの最後には伝統的な建物でお茶とお菓子をお召し上がりいただけます。	大人　900円 子ども　600円
Bコース：中町エコツアー 開始：13:00 終了：15:00	中町公園で自然観察をした後、木の実や葉を使った作品を作っておみやげにしましょう。汚れてもいい服でご参加ください。	大人　900円 子ども　600円
Cコース：中町の味めぐり 開始：11:00 終了：14:00	自分で蕎麦を作って食べましょう。その後、農園でおいしい果物を取って、おみやげに持って帰りましょう。	大人　1,500円 子ども　1,000円
Dコース：川から眺める中町 開始：14:00 終了：16:00	船に乗ると、いつもとは違う中町を見ることができます。集合時間にサクラ橋にお越しください。	大人　1,000円 子ども　500円

※12歳以下のお子様は子ども料金となります。6歳未満のお子様は無料です。
※集合時間は開始時間の10分前です。
※集合場所はDコースを除き、観光センター入口前です。

「を除き」のような条件にも注意すること。

「未満」「以上」「以下」などの意味を正確に覚えよう。

〈ご予約について〉

ガイドツアーは1週間前までに中町ガイドツアーのホームページからご予約をお願いします。

https//www.nakamachi-guide-tour.jp/moushikomi/

※参加費はツアー当日にお支払いください。
※英語でのツアーをご希望の方は、2週間前までにご予約ください。

「※」にも大切な条件が書かれているので、見落とさないようにしよう。

〈お問い合わせ先〉
中町観光協会
〒100-0000　東京都内山市中町55-5
TEL: 03-3111-5555

第5週　1日目

目標解答時間　15分

＿＿月＿＿日

内容理解（短文）Comprehension (Short passages)

つぎの(1)から(4)の文章を読んで、質問に答えなさい。答えは、1・2・3・4から最もよいものを一つえらびなさい。

(1)

これはコンビニの店長からアルバイト店員に届いたメールである。

あて先：baitosiyou@orangemart.co.jp

件　名：年末年始の出勤について

送信日時：2021年12月5日　18:00

アルバイトのみなさん

おつかれさまです。
今年もあと数週間となりました。そこで、年末年始（12月29日～1月3日）に仕事ができる方を募集します。出勤できる方は、希望の日にちと時間を12月10日までにメールでお知らせください。
なお、この期間中は時給を200円アップいたします。

オレンジマート
店長　高井

1　このメールからわかることは何か。

1　年末年始に休みがほしい人は店長にメールをしなければならない。
2　年末年始に働くことができる人を店長が探している。
3　年末年始に働ける人は12月10日までに店長に直接言えばいい。
4　年末年始に働いた人はそれ以降の時給が200円上がる。

(2)

インターネットショッピングを利用する人は年々増えているそうだ。重いものを部屋まで届(とど)けてくれたり、早ければ注文をした次の日に届(とど)けてくれたりする。確かに便利なので、今後も利用者は増えていくだろう。最近では実店舗(じってんぽ)を持たない店も多くなってきているようだ。

しかし、私は店で買うほうが好きだ。店内を歩きながら気になる商品を見て触(さわ)って確かめたり、店員と会話をしたりするのが楽しいのだ。だから、今後もインターネットショッピングはあまり使わないだろう。

世の中が便利になるのはいいことだが、便利さばかりを求め、いつかインターネットショッピングでしか買い物ができなくなる日が来るのではないかと不安になることがある。

1 インターネットショッピングについて、「私」はどのように考えているか。

1 今後、便利なサービスがもっと増えるはずなので、利用していきたい。

2 店で買うよりずっと品数が多くて便利なので、今以上に利用していきたい。

3 便利だが、それでは得(え)られない楽しさもあるので、あまり利用しないと思う。

4 店で買い物をする人が減ると店がなくなってしまうので、利用すべきではない。

(3)

自分の仕事に対して、どんなときも100%の力で向き合うことができる人は少ない。そして、その中でも、常に理想を追い求めることができる人が、「プロフェッショナル」と呼ばれる人なのではないだろうか。

そうできる理由は何だろう。私は、「プロフェッショナル」と呼ばれる人たちには、自分の仕事がどうしようもなく好きだ、という原点があるのではないかと思っている。成功して高い給料をもらいたいとか、人から認めてもらいたいとか、そういうことを目標に仕事をしていても、理想を目指すことはできないだろう。

1 プロフェッショナルについて、「私」はどのように考えているか。

1 何事にも本気で向き合い、努力を続けていくことで、誰でもプロフェッショナルになれる。

2 理想を追い求め、全力で仕事に取り組むことができなければプロフェッショナルとは言えない。

3 仕事で成功をして高い給料をもらうことで、はじめてプロフェッショナルだと認められる。

4 プロフェッショナルと呼ばれる人は、人から認めてもらえるので自分の仕事が好きになる。

(4)

テニス部の部室に行くと、机に先輩からのメモが置いてあった。

新井さん

来月の合宿(注)の予定ですが、スケジュール通りで問題ないと思います。いろいろ計画してくれてありがとう。

合宿所までの移動ですが、小金井先生から予算も限られているので大型バス１台で行く予定だと言われました。あとで私からみんなに、荷物はできるだけ少なくするように連絡するつもりです。

バスで運べない荷物は、できるだけ早く数量をチェックして教えてください。先にまとめて送ろうと思います。

後藤

(注) 合宿：練習などの目的で多くの人が集まって同じ場所で生活をすること

1 このメモを読んで、新井さんがしなければならないことは何か。

1 大型バスの数を変更する。
2 部員に荷物を少なくするように連絡する。
3 送る荷物がどれだけあるかを確認する。
4 大きな荷物を合宿所に送る。

第5週 2日目

目標解答時間 15分

＿＿月＿＿日

内容理解（短文）Comprehension (Short passages)

つぎの(1)から(4)の文章を読んで、質問に答えなさい。答えは、1・2・3・4から最もよいものを一つえらびなさい。

(1)

犬を飼い始めて3か月たちますが、困っていることがあります。それは、散歩中に突然犬が動かなくなってしまうことです。そうなると、引っ張っても、お菓子を見せても、それ以上は歩いてくれず、抱いて帰るしかありません。散歩の時間が長すぎて疲れてしまうのかと思い、短くしてみたのですが、同じです。以前、散歩の道を変えたところ、車が多くて危ないので、抱いて帰ったことがありました。今考えると、そのときからこの習慣がついたような気がします。もしかしたら、抱いてほしくて、そうしているのかもしれません。

1 そのときとあるが、いつか。

1 犬を飼い始めたとき
2 散歩の時間を短くしたとき
3 散歩の道を変えたとき
4 抱いてほしいとき

(2)

これは日本語学校から学生に届いたメールである。

あて先：ichiban-nihongo@xxxxx.com

件　名：卒業アルバムの写真募集

送信日時：2021年12月15日 7:00

来年卒業する学生のみなさん

今、学校ではみなさんの卒業アルバムを作っています。そこで、みなさんから遠足や花見など、学校のイベントで撮った思い出の写真を募集します。
卒業アルバムに載せてほしい写真があれば、メールで送ってください。一人３枚までです。その中からいいものをこちらで選びます。どんな写真でもいいですが、学生が写っているものに限ります。また、アルバムに載せるコメントに使いたいので、できればそのときの気持ちを短く書いて送ってくれるとうれしいです。
では、みなさんからの写真を楽しみにしています。

いちばん日本語学校　事務局　高橋

1 このメールからわかることは何か。

1 卒業式で撮った写真を送ることができる。

2 送る写真には必ず感想を書かなければならない。

3 送られてきた写真から先生がいいものを３枚選ぶ。

4 送る写真には学生が写っていなければならない。

(3)

今、私たちがずっと地球に住み続けられるように、「SDGs」(注)という地球の環境と人々の生活を守るための17の目標を立て、各国がそれに向けて努力をしている。その一つに「つくる責任、つかう責任」という目標があり、物を大切にすることを求めている。

それなのに、日本では1年間に約50万トンの衣類が捨てられているそうだ。イメージしにくい数字だが、1日に大型トラック130台分と聞くと驚く。そこで、日本政府は、使い捨ての習慣から長く大切に使う習慣に改めることや、生産においても消費においても「大量」から必要なだけという「適量」に変えることを勧めている。

(注) SDGs：Sustainable Development Goals　日本語では「持続可能な開発目標」と言う。

1 この文章からわかることは何か。

1 SDGsは日本から世界に広がったものである。

2 物を大切にすることはSDGsの考えに合っている。

3 たくさん作ってたくさん買うことはSDGsの一つである。

4 SDGsでは生産数と消費数を同じにすることを求めている。

(4)

小池さんが営業先から会社に戻ると、机の上にリンさんからのメモが置いてあった。

> 小池さん
>
> タンノ工業の久保田様より電話がありました。(TEL：022 - 266 - 0000)
> 先日久保田様が注文した新商品について、ご相談したいことがあるとのことです。
> 「本日中に電話をいただければ」とおっしゃっていました。戻り次第(しだい)お電話さしあげますとお返事しましたので、よろしくお願いします。
> 久保田様は本日18時ごろまで会社にいらっしゃるそうです。
>
> 7月18日 14：30
>
> リン

1 これを読んで小池さんは何をしますか。

1 新商品について相談する。

2 久保田さんに電話する。

3 久保田さんからの電話を待つ。

4 18時ごろにタンノ工業に行く。

第5週　3日目

目標解答時間　15分

＿＿＿月＿＿＿日

内容理解（短文）Comprehension (Short passages)

つぎの(1)から(4)の文章を読んで、質問に答えなさい。答えは、1・2・3・4から最もよいものを一つえらびなさい。

(1)

私は人の名前を覚えるのが苦手だ。どうやったら人の名前が覚えられるようになるのかとインターネットで調べてみたら、いい方法を見つけた。会話の中で相手の名前を何回も言うようにすると、頭の中で相手の顔と名前が強く関係づけられるのだそうだ。また、その後で名前を紙に書いてみると、もっといいらしい。名前を知るだけではなく、使ってみることで覚えられるようになるということだ。外国語も、何回も言ったり書いたりを繰り返すことでやっと覚えられるということがある。名前も外国語も同じようなものなのかもしれない。

1　この文章を書いた人について、合っているものはどれか。

1　外国語のいい勉強方法を探している。
2　外国語をもっと使ってみたい。
3　人に名前を覚えてもらうのが難しい。
4　人の名前を覚えられるようになりたい。

(2)

これは本屋からのメールである。

あて先：tanshio_daisuki@zmail.com

件　　名：ご注文の本について

送信日時：2021年8月1日 10:30

松本様

この度は『写真集　世界旅行』をご注文いただきましてありがとうございます。
大変申(たいへんもう)し訳(わけ)ありませんが、こちらの商品は現在売り切れており、
お客様にお届(とど)けできるのは９月初めになります。
ご注文をキャンセルされる場合は、こちらのメールにお返事ください。
お待ちいただける場合は、今月中に代金をお支払いください。
ご不便をおかけいたしますが、どうぞよろしくお願いいたします。

川田ブックス　野中

1　この人が「川田ブックス」で『写真集　世界旅行』を買いたい場合、どうすればいいか。

1　川田ブックスにメールを送る。

2　９月初めにまた注文する。

3　８月31日までにお金を払う。

4　何もしないで待つ。

(3)

最近、新しい財布を買いました。とても小さい財布です。前の財布には、お金の他にカードを20枚以上と電車の時刻表まで入れていましたが、今度の財布には、お金の他にはカードが3枚くらいしか入りません。でも、全然不便ではありません。お店の会員カードは最近ではスマホで管理しているので、たくさんのカードを持ち歩かなくてもいいし、電車の時間もスマホで調べられます。財布が小さくなったので、かばんが軽くなり、出かけるのがさらに楽しくなりました。

1 この文章を書いた人について、合っているものはどれか。

1 財布を小さいものに変えて喜んでいる。
2 かばんに財布が入らなくて困っていた。
3 昔から小さい財布を使っている。
4 最近便利なスマホを買った。

(4)

これは歯医者からのはがきです。

宮田様

その後、歯の具合はいかがですか。前にいらっしゃってから半年が経ちましたので、定期健診のお知らせをいたします。歯の健康を守るためには、早く虫歯を発見し、治すことが大切です。自分では気がつかない小さい虫歯がないか、定期健診で確認しましょう。小さい虫歯ならば、その日のうちに薬をぬって治すこともできます。また、ご希望があれば、チェックの後、歯のクリーニングをすることもできます。

ご予約は、03-0123-0123までお電話ください。

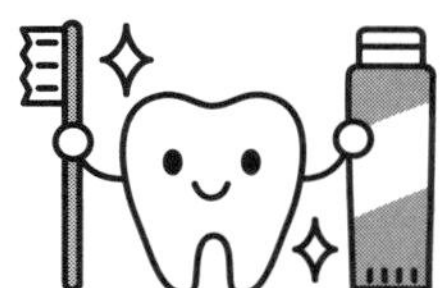

デンタル石橋

東京都杉山区金沢町50-52

1 宮田さんが歯医者に最初にしてもらったほうがいいことは何か。

1 虫歯を治してもらう。

2 薬をぬってもらう。

3 歯をきれいにしてもらう。

4 歯の状態を確認してもらう。

第5週　4日目

目標解答時間　15分

＿＿＿月＿＿＿日

内容理解（短文）Comprehension (Short passages)

つぎの(1)から(4)の文章を読んで、質問に答えなさい。答えは、1・2・3・4から最もよいものを一つえらびなさい。

(1)

みどり体育館の入口に、このお知らせがはってある。

みどり体育館 ご利用者の皆様

いつもご利用ありがとうございます。水道管の修理のため、2021年６月20日から７月10日まで、みどり体育館はお休みとなります。ご不便をおかけしますが、他の体育館のご利用をお願いいたします。予定されている運動教室は以下の通り、場所が変更となりますので、ご注意ください。

・月曜日 17時～18時　こどもダンス教室　➡　市立第２小学校体育館
・木曜日 10時～11時　健康体操教室　➡　中央体育館

柳原市 みどり体育館

1　このお知らせの内容として正しいものはどれか。

1　こどもダンス教室は体育館の修理中、休みになる。
2　みどり体育館が休みの間、他の体育館も休みになる。
3　運動教室がない時間は、みどり体育館を自由に使うことができる。
4　みどり体育館の修理中、運動教室は別の場所で行われる。

(2)

娘（むすめ）がうちに帰ると、テーブルの上に母親からのメモが置いてあった。

いろはちゃんへ

おかえりなさい。今日の学校は楽しかった？

お母さんは今日会議でいつもより遅（おそ）くなります。晩ご飯は温めるだけにしてあるから、もしお母さんが帰る前におなかがすいたら、待たずに温めて食べてね。

今日はゆう太（た）くんのうちに遊びに行くと言っていたけど、行くなら暗くならないうちに帰ってきてね。

それから、お母さんが帰ってくる前に宿題をすること。

明日おじいちゃんとおばあちゃんが遊びに来るから、今夜一緒（いっしょ）に部屋を片付けようね。

お母さんより

1 母親が、自分が帰ってくるまでに娘（むすめ）に必ずしてほしいことは何か。

1 晩ご飯を温める。

2 友達のうちに行く。

3 宿題をする。

4 部屋を片付ける。

(3)

ニュースによると、高い音が聞こえにくいという若い日本人が増えているそうだ。年を取ると誰でも高い音は聞こえにくくなるのだが、その症状が今、特に若い女性に多く見られるようになっているとのことだ。スマートフォンの使用やオンライン会議(注)が増えるにつれ、イヤホンをつける時間が長くなっている。こうした習慣が耳に悪い影響を与えている可能性がある。専門家は、イヤホンを長時間つけないことや、音量をあまり上げないこと、できればスピーカーで聞くことを勧めている。

(注) オンライン会議：インターネットを使った会議

1 この文章の内容と合っているものはどれか。

1　日本人は年齢や性別を問わず、高い音が聞こえにくくなっている。
2　女性は年を取ると、高い音が聞こえにくくなるという特徴がある。
3　長時間イヤホンから大きな音を聞くことは、耳にとってよくない。
4　耳が悪い人は、スマートフォンの使用やオンライン会議をしないほうがよい。

(4)

言葉はプラスのエネルギーとマイナスのエネルギーを持っているそうです。

例えば、「ありがとう」や「大好き」といったプラス（注1）の言葉を日常的に使っていると、うれしいことが起きたり、ほしいものが手に入ったりすると言われています。反対に「面倒だ」や「疲れた」といったマイナス（注2）の言葉を習慣的に使っていると、気持ちも考え方も暗くなり、周囲の人を嫌な気持ちにしてしまうというのです。

それなら、例えば、忙しかった日も「疲れた」というかわりに「今日もよくやった」と言ったほうが、人生が楽しくなるのではないでしょうか。

（注1）プラス：ここでは、いいという意味
（注2）マイナス：ここでは、よくないという意味

1 それとは、何か。

1 日本語には不思議な力を持つ言葉があるということ
2 プラスの言葉を使い続ければ、必ず夢は本当になるということ
3 使う言葉によって気持ちや生活がよくも悪くもなるということ
4 習慣的に使う言葉が、周囲の人の気分を悪くしてしまうということ

第5週　5日目

目標解答時間　15分

＿＿＿月＿＿＿日

内容理解（短文）Comprehension (Short passages)

つぎの(1)から(4)の文章を読んで、質問に答えなさい。答えは、1・2・3・4から最も良いものを一つえらびなさい。

(1)

夫が仕事から帰ると、妻からのメモがテーブルに置いてあった。この家族は夫、妻、娘の舞と、犬のリュウである。

> 新一へ
>
> お仕事おつかれさま。
>
> さっき、母が階段から落ちたと連絡がありました。けがはしていないようでしたが、心配なので、病院へ連れていきます。
>
> カレーを作っておいたので、温めて舞と二人で先に食べてください。サラダも冷蔵庫に入っています。それから、舞にお弁当箱をちゃんと自分で洗うように伝えてください。
>
> リュウの散歩は、帰ったら私が連れていくので、行かなくて大丈夫です。病院を出るとき連絡します。よろしくお願いしますね。
>
> ランより

1　このメモを読んで、夫がしなければならないことは何か。

1　妻の母を病院へ迎えに行く。

2　カレーを温める。

3　弁当箱を洗う。

4　犬の散歩に行く。

(2)

これは友人から届いたメールである。

From: mikako@zmail.com

To: yukako@zmail.com

件名：今日の約束

ゆか子さんへ

今、耳鼻科で診察を待っています。
ここから待ち合わせの場所まで15分ぐらいなので、1時半に耳鼻科を予約すれば、十分間に合うと思ったのですが、前の方の診察に時間がかかっているみたいで、遅れ気味です。
もしかしたら、待ち合わせに遅れてしまうかもしれません。もし、約束の時間を過ぎるようなら、駅前の本屋か喫茶店で待っていてください。
そちらに着く時間がわかったら、また連絡します。

みか子

1 このメールからわかることは何か。

1 2人は1時半に会う約束をしていた。
2 2人は駅の中で会うことにしていた。
3 みか子さんの診察は予定より遅れている。
4 ゆか子さんはこれから本屋か喫茶店に行く。

(3)

12月のことを「師走」と言う。師（＝お坊さん）が走るほどに忙しい月という意味がある。12月に忙しくしていると、「師走ですね」と声をかけられることがある。私はこの言葉が好きだ。相手は言葉通り「12月ですね」という意味で使っているのかもしれないが、私には「楽しい正月はもうすぐだから、がんばりましょう」と言っているように聞こえるから面白い。12月の忙しいときにこの言葉を聞くと、楽しいことまでもうすぐだと思えて、力が出てくるのである。

1 「私」が「師走ですね」という言葉が面白いと言っているのはなぜか。

1　言葉通り12月はお坊さんが走っているから
2　2つの意味を持っている言葉だから
3　もうすぐ楽しい正月が来るという意味があるから
4　自分が相手に応援されているように感じるから

(4)

冬になると食べたくなるものがある。それは焼き芋屋さんが車で売りに来る焼き芋だ。窓の外から「いーしやーきいもー」という声が聞こえると、冬が来たなと思う。焼き芋を食べるとおなかの中から温まって元気が出る。焼き芋は砂糖を使ったわけでもないのにびっくりするほど甘い。最近は、冬でなくてもスーパーなどで買えるけれど、やっぱり冬に焼き芋屋さんから買うのが一番おいしいと思う。焼き芋屋さんは焼き芋を紙袋に入れて手渡してくれる。冷たい空気の中抱きしめる、甘い香りの温かい紙袋こそ、私にとっての冬の幸せの形なのだ。

1 この文章からわかることはどれか。

1 焼き芋は砂糖よりも甘い。

2 焼き芋は寒い季節にだけ買える。

3 焼き芋はとても体にいい。

4 焼き芋屋は冬にしか来ない。

第6週 1日目

目標解答時間 15分

＿＿＿月＿＿＿日

内容理解（中文）Comprehension (Mid-size passages)

つぎの(1)と(2)の文章を読んで、質問に答えなさい。答えは、1・2・3・4から最も良いものを一つえらびなさい。

(1)

先日、面白いことを聞いた①。それはパーティーなどにたくさんの友達に参加してほしいときは、一斉(注)メールなどで招待をするのではなく、相手の名前を文章の中に入れて一人ひとりに招待状を書くと、参加率が非常に高くなるというものだ。なぜそんなことが参加率に影響するのかよくわからなかった②が、確かに言われてみると、一斉に呼びかけられるより、個人的に誘われたほうが相手から大事にされているような気になる。

人は、相手から大事にされていると感じると、いくら苦手な相手でも、自分も相手を大事にしなければという考えが働く。これは言い換えれば、嫌なことをされたら嫌なことで返したくなるとも言える。「人から親切にされたければ、まず自分が人に対して親切にしなければならない。そして、人からされたくないことは人にしてはいけない。」と子どものころよく親に言われたが、それは決して間違っていなかったようだ。

(注) 一斉：同時に何かすること。「一斉メール」は1つのメールを同時にたくさんの人に送ること。

1 ①面白いことを聞いたとあるが、どのようなことか。

1　集まりを開くときは人を大勢集めたほうが周囲も参加しやすくなる。

2　参加率を上げたいなら、一人ずつ名前を入れて招待状を出すといい。

3　招待された人は、その集まりの内容より誰に招待されたかを気にする。

4　どんな誘い方をしても、集まりの参加人数はそれほど変わらない。

2 ②よくわからなかったとあるが、それは何か。

1　一度にたくさんの人に同じメールを送ったほうが便利であること

2　誘い方を少し変えるだけで、結果が大きく変わること

3　たくさんの人と一緒に誘われると行きたくなくなること

4　一人ひとりを大事に思っているが、誘われる人には伝わらないこと

3 この文章の内容に合っているものはどれか。

1　自分を大事にしてくれていると思う人に対してだけ、親切にすればいい。

2　どんなに嫌なことをしてくる人に対しても、親切にしなければならない。

3　苦手な相手でも親切にされると、その人に親切で返したいと思うようになる。

4　人から親切にされたら、その分、誰かに親切にしなければならない。

(2)

私は30歳になったとき、自分はもう若くないと思った。40歳になったとき、何か新しいことを始めるには、年を取りすぎていると思った。そして50歳になった今思うことは、30歳も40歳も、今の私から見れば十分若く、まだまだ何にでもチャレンジすることができた、ということである。

①そのことに気がついてから、私は変わった。人は誰でも、過去をふりかえって、「あのころは若かった」「若いうちにチャレンジしておけばよかった」と思うようになる。だから、私はいつも、②10年後の未来からやってきたと思って生きることにした。60歳の私なら、今の私を見て「まだまだ何でもできるから諦めないで」と言うはずだ。そうすれば、私は50歳の今をもっと前向きな気持ちで楽しめると思うのだ。

もちろん、無理をするつもりはない。ただ、「もう若くないから」という考え方は捨てることにした。③たったそれだけのことで、年を取ることが嫌ではなくなった。きっと10年後の私も、満足して生きているに違いない。

1 ①そのこととあるが、どのようなことか。

1 人から見れば、自分はもう若くないこと

2 人から見れば、自分はまだ若いこと

3 何かを始めるには自分は年を取りすぎていること

4 何かを始めるのに自分の年齢を意識しすぎていたこと

2 ②10年後の未来からやってきたと思って生きることにしたとあるが、なぜか。

1 今できることが10年後にできるとは限らないので、今のうちにいろいろしておいたほうがいいから

2 今の年齢だけを考えて生活をすると、もうできないことばかりだと認めなければならないから

3 10年後の自分の立場から考えれば、今の私は何かを始めるのに遅すぎることはないと思えるから

4 10年後も問題なく暮らしていると思うことで、無理をしてがんばることをやめられるから

3 ③たったそれだけのこととあるが、何か。

1 今だけに集中して楽しく生きること

2 年齢を理由に諦めるのをやめたこと

3 無理してチャレンジすることをやめたこと

4 10年後の自分をイメージすること

第6週　2日目

目標解答時間　15分

＿＿＿＿月＿＿＿＿日

内容理解（中文） Comprehension (Mid-size passages)

つぎの(1)と(2)の文章を読んで、質問に答えなさい。答えは、1・2・3・4から最も よいものを一つえらびなさい。

(1)

昔に比べると、性別を気にせずに自分の好きなことをやれるようになってきた。例えば、男が美容を気にするようになったり、これまで男の仕事だと言われていた仕事に女が就いたり(注1)することも珍しくなくなった。

このように、男だから女だからといった性別で役割(注2)を分けるのではなく、その人らしさを認めようとする考え方が各国で広がりつつあるが、最近、日本でもその意識①が急に広がってきたと感じる。しかし、中には「女らしさ」や「男らしさ」を求める人②もいる。特に年齢が上がれば上がるほど、そのような考えを持つ人が多いようだ。

考え方は、生まれ育った時代の影響を受けやすく、その考えを変えるのは難しいだろう。しかし、「女だから」「男だから」と役割を押し付けて(注3)しまうのは、その人の心を傷つけたり、将来の可能性を奪ってしまったりする恐れもある。みんながそれぞれ違うということを受け入れ、一人ひとりが自信を持ってやりたいことをやれる社会になればいいと思う。

(注1)（仕事に）就く：就職する
(注2) 役割：するべきこと、仕事
(注3) 押し付ける：無理にやらせる

1 ①その意識とあるが、それは何か。

1 男には男の仕事、女には女の仕事があるという考え方

2 やるべきことを性別で決めないようにしようという考え方

3 人の考えはそれぞれで、同じ人はいないという考え方

4 時代に合わせたやり方に変えていこうという考え方

2 この文章を書いた人は②「女らしさ」や「男らしさ」を求める人はどんな人に多いと言っているか。

1 年を取っている人

2 若い人

3 自由に生きている人

4 性別で悩んでいる人

3 この文章を書いた人が言いたいことは何か。

1 自分が好きなことばかりするのは社会にとってよくない。

2 その人らしさを認めようとする考え方が広がるのはよくない。

3 性別を気にせず自分らしく生きられる社会になってほしい。

4 自分らしさを見つけることができれば、社会で生きやすくなる。

(2)

私には忘れられない食べ物があります。それは祖母の「味噌つけ餅」です。元は「じゅうね餅」という岩手県北部の伝統菓子で、餅に「じゅうね」(注1)という植物を混ぜた味噌をつけて焼くことからその名前になったそうです。しかし、私の祖母は「じゅうね」のかわりに「クルミ」という木の実を使っていたので、家族はそれを「味噌つけ餅」と呼んでいました。

この餅は台所のガスコンロでは作れません。炭(注2)から火を起こして作ります。子どものころ、夏休みや正月に家族や親せきが集まると、必ず作ってくれました。餅を作るのは祖母の仕事、火を起こすのは祖父の仕事で、作っている祖父母のそばでおしゃべりするのが好きでした。しかし、祖母は病気になって以来、一度もそれを作ることなく亡くなってしまいました。

それから20年。ときどき、祖母が「味噌つけ餅」を作っている写真を見ながら、子どものころを思い出します。そして、もう食べられないのだと、ちょっと寂しく思うのです。

(注1) じゅうね：エゴマという植物のこと。東北地方の方言で「じゅうね」と呼ばれる。
(注2) 炭：木を焼いて黒くしたもので、料理をするときに火をつけて使うもの

1 その名前とは何か。

1 伝統菓子

2 じゅうね餅

3 味噌つけ餅

4 クルミ

2 祖母の「味噌つけ餅」について合っているものはどれか。

1 今では岩手県の伝統菓子となっている。

2 「じゅうね」という植物を使う。

3 台所で簡単に作ることができない。

4 食べる日が決まっている。

3 「私」にとって「味噌つけ餅」はどんなものか。

1 伝統菓子として守っていくべきもの

2 食べると子ども時代を思い出すもの

3 家族が集まるときにだけ食べられる特別なもの

4 どんなに食べたくてももう食べられないもの

第6週　3日目

目標解答時間　15分

＿＿＿月＿＿＿日

内容理解（中文）Comprehension (Mid-size passages)

つぎの(1)と(2)の文章を読んで、質問に答えなさい。答えは、1・2・3・4から最もよいものを一つえらびなさい。

(1)

日本人が大好きな魚の一つがマグロだ。しかし、今、そのマグロの数が減ってきている。

マグロが減っている一番の原因は、魚を捕る技術が発達したことだ。マグロは日本だけでなく海外でも人気の魚なので、大量に捕られるようになった。その結果、新しく生まれるマグロの子どもの数が減り、育つ量も減ってしまっている。また、海が汚れて環境が悪くなってきていることも、減少の原因の一つになっている。このままでは、将来マグロがいなくなってしまうかもしれない。

マグロを捕ってもいい量を国ごとに定めた国際的な決まりはあるが、捕れば確実に売れるため、きちんと守られていないそうだ。マグロを守るには、まずこのルールを徹底すべきだと思う。

また、今の日本には安くて人気の寿司屋がたくさんあるし、スーパーでも寿司を売っていて、気軽に寿司が食べられる。その分、余って捨ててしまう量も少なくないはずだ。消費に合った量のマグロを捕るようにすることも重要ではないだろうか。

1 マグロの数が減った最も大きな原因は何か。

1 マグロの値段が安くなったこと

2 マグロにとって暮らしづらい環境になったこと

3 マグロが簡単に捕れるようになったこと

4 マグロの寿司が人気になったこと

2 守られていないとあるが、何が守られていないのか。

1 マグロを捕ることができる量を決めたルール

2 マグロを捕ることができる人を決めたルール

3 マグロの子どもを捕ってはいけないというルール

4 海の環境を守らなければならないというルール

3 この文章を書いた人は寿司についてどう考えているか。

1 安い寿司屋やスーパーの寿司はおいしくない。

2 必要以上にマグロを捕るのをやめたほうがいい。

3 日本人は必要以上に寿司を特別なものだと考えている。

4 マグロを捕る技術を発達させるべきだ。

(2)

結婚式は当然、結婚する日に行う式だと思う人が多いかもしれない。しかし、私の友人の中には、結婚してから何か月か後に結婚式をした夫婦が何組かいる。同じ家に住んで、夫婦で協力して結婚式の準備をするために、そういう選択をしたそうだ。

大きな結婚式に何回か参加したが、確かに準備が大変そうだ。たくさんの友人を呼んで結婚式をするためには、どこでするか、誰を呼ぶか、何を食べるか、どんな花を飾るかなど、決めることが非常に多い。そして、みんなで見る動画を用意したり、歌のうまい友人に1曲歌ってほしいと頼んだりと、参加者を楽しませる工夫もしなければならない。とてもいい思い出になるだろうが、想像するだけで疲れてしまう。お金もたくさんかかるだろう。

もし私が結婚式をするなら、役所に結婚の届けを出した日に、一番仲のいい友人と家族だけ呼んで、おいしいものを食べておしゃべりをする、そんな小さくて穏やかな結婚式がちょうどいいと考えている。

1 そういう選択とあるが、どんな選択か。

1 結婚式をしてから結婚するという選択

2 結婚しても結婚式をしないという選択

3 結婚してから結婚式をするという選択

4 大きな結婚式の準備をしようという選択

2 結婚式の準備としてこの文章中に出ていないものは何か。

1 会場を探す。

2 歌を練習する。

3 友人を招待する。

4 料理を用意する。

3 結婚式をすることについて、「私」はどう思っているか。

1 大きな結婚式をするのはお金がもったいない。

2 結婚した後で結婚式をするのは変だ。

3 結婚式は最高の思い出にならなければならない。

4 小さな結婚式が自分には合っている。

第6週 4日目

目標解答時間 15分

＿＿＿月＿＿＿日

内容理解（中文） Comprehension (Mid-size passages)

つぎの(1)と(2)の文章を読んで、質問に答えなさい。答えは、1・2・3・4から最もよいものを一つえらびなさい。

(1)

最近、ファッション雑誌で「ボディポジティブ」という言葉を見るようになりました。これは今の自分の体を否定せずに愛そうという考え方です。背が高い、背が低い、太い、細いなど、人の体型はいろいろですが、すべてプラス（注1）のことだと考えて愛しましょうという思いが込められています。

これまで「これがかっこいい」「あれがかわいい」といった一つの基準があり、ファッション雑誌のモデルはどれも手足の長い人ばかりでしたが、最近は背の低いモデルや太めのモデルもよく見ます。また、アメリカなどでは様々な体型のマネキン人形（注2）が服屋に置かれているそうです。

人の体型はいろいろあるのですから、このように基準が一つでなくなるのはいいことだと思います。もちろん病気が心配されるほどの太りすぎや痩せすぎはよくありませんが、自分の体を愛し、自分が気持ちいいと思う体型でいられれば、もっと楽しく、楽に過ごせるのではないでしょうか。

（注1）プラス：ここでは、いいという意味
（注2）マネキン人形：服屋などで服を見せるために使う人形

1 「ボディポジティブ」とあるが、どういうことか。

1　自分がいいと思う体型を目指(めざ)すこと
2　自分のそのままの体型を愛すること
3　自分の体型の長所を見つけること
4　自分と他の人の体型を比べないこと

2 最近のファッション雑誌(ざっし)について合っているものはどれか。

1　様々なファッションの紹介(しょうかい)が多い。
2　どれも似ている体型のモデルばかりだ。
3　細くて手足が長いモデルが少なくなった。
4　様々な体型のモデルがいる。

3 この文章(ぶんしょう)を書いた人が最も言いたいことは何か。

1　自分以外の体型について否定してはいけない。
2　病気にならないように、太りすぎや痩(や)せすぎに注意したほうがいい。
3　体型についての基準(きじゅん)は、一人ひとりが自分に合わせて作るべきだ。
4　自分が気持ちいいと思う体型でいるのがよい。

(2)

先日、娘が失恋をした。話をしようとしても「お母さんにはわからない」と言って、娘は何も話そうとしない。

部屋に閉じこもり(注)、泣いている娘を見ていたら、①昔の自分を思い出した。私もちょうど娘ぐらいのときに失恋をした。そのときは朝から晩まで別れた彼のことを考えていた。どうして私ではだめだったのか、もう一度やり直すことはできないのかなどと考え、一日中泣いていた。忘れようとすればするほど彼を思い出し、彼との思い出は、私の頭の中でどんどん美しくなっていった。

私は彼を思い出さないように、できるだけ忙しくした。新しいことにもチャレンジをして、彼が知らない私を作っていった。今思えば、それらの行動はすべて②彼を意識してのことだが、結果として、私は彼を忘れることができた。

私は、出会いや別れには意味があると思っている。だから、今は苦しくても、娘はこの失恋を通して必ず成長できるはずだ。娘が少し落ち着いたら、何か新しいことを始めてみないかと誘ってみようと思う。

(注) 閉じこもる：中に入って外に出てこないでいる

1 ①昔の自分を思い出したとあるが、それはなぜか。

1 母親と話すことを面倒に感じたことがあるから

2 自分の気持ちは誰にもわからないと思ったことがあるから

3 娘と同じ年のころ、似たような経験をしたことがあるから

4 若いころは恋人のことばかりを考えて過ごしていたから

2 ②彼を意識してのこととあるが、どのようなことか。

1 彼を忘れられないからしていること

2 彼に知ってほしくてしていること

3 彼に合わせてしていること

4 彼を忘れたくないからしていること

3 失恋について、「私」はどう思っているか。

1 失恋は普通に生活をしていれば、いつか忘れられる。

2 失恋をしたら、その意味を考えなければならない。

3 失恋は苦しいだけではなく、人を成長させる面もある。

4 失恋をすると、何か新しいことを始める人が多い。

第6週　5日目

目標解答時間　15分

＿＿月＿＿日

内容理解（中文）Comprehension (Mid-size passages)

つぎの(1)と(2)の文章を読んで、質問に答えなさい。答えは、1・2・3・4から最もよいものを一つえらびなさい。

(1)

これは、ある教師が書いた文章です。

人はどうしても競争してしまうものです。特に「成長したい」とか「能力を高めよう」と思うとき、他の誰かと比べがちです。

私のクラスでもテストを返すときに「誰が１番だ、２番は誰だ」というように、同じことが起こります。その会話の中に入れずに、暗い顔をしている生徒もいます。ですから、テストの後は必ず個人面談(注)をします。そして、暗い顔の生徒には「前回のテストと比べてください。前回よりちょっとでもよかったら、あなたがやってきたことは成功です。今回よくできたところはありましたか」と聞きます。すると「前よりここがよかった」とよかったことを探し始め、表情も明るくなります。

人は比べることを止めることはできませんが、比べる対象を変えることはできます。もし他の誰かと比べて悩んでいる生徒がいたら、比べる対象を少し前の自分に変えることを勧めてみてください。そうすれば、その生徒の表情が変わるかもしれません。

（注）個人面談：一人ひとりと会って、話すこと

1 同じこととあるが、どんなことか。

1 誰かと自分を比べてしまうこと
2 能力を高めようとすること
3 暗い顔になってしまうこと
4 テストの結果を予想すること

2 この文章を書いた人によると、成功と言えるのはどんなときか。

1 クラスでテストが１番になったとき
2 自分の成績が他の人よりよかったとき
3 目標に向かって諦めずにやってこられたとき
4 前回の自分の成績よりいい成績が得られたとき

3 この文章を書いた人が言いたいことは何か。

1 成長したり能力を高めたりするためには、人と比べることが必要である。
2 やってきたことが結果に出るので、結果が悪ければやり方を変える必要がある。
3 他の人と競争することは自分の成長に悪い影響しか与えないのでやめるべきだ。
4 他の人と比べるのではなく、昔の自分と今の自分を比べるべきだ。

(2)

昔、私は眠れない夜に難しい本を読んでいました。つまらない教科書や歴史の本を読んでいれば自然に眠くなるだろうと考えたのです。しかし、それは私にはあまり効果がありませんでした。つまらないはずの本が不思議と面白くなってきてしまって、目が覚めてしまうのです。期待したとおりに眠れたときも、本を読むために電気がついたままなので、次の朝起きたとき、疲れが取れていないような感じがしたものです。

今、そんな夜に私がしているのは、「無理に眠ろうとしない」という方法です。眠ろう眠ろうと思っているのに眠れないと、それが心配でさらに眠れなくなってしまいます。だから、眠れないことを心配しないことが大切だと考えました。目を閉じて静かに横になっているだけでも、体力は少し回復するそうです。それを聞いて、私は眠れないことが心配ではなくなり、結果として早く眠れるようになりました。

1 眠れない夜に難しい本を読むことについて「私」は何と言っているか。

1 本を読むことで頭が疲(つか)れるので、よく眠れるようになる。

2 自然(しぜん)と眠くなるので、眠れない人にはおすすめである。

3 難しい本は夜読んでも意味がわからないので、時間の無駄(むだ)だ。

4 本に熱中して、眠くなくなってしまうことがある。

2 それとは何か。

1 眠ろう眠ろうと思うと眠れないということ

2 横になるだけでも体力が少しは戻ってくるということ

3 眠れないことを心配しないことが大切だということ

4 目を閉じて静かにしていれば眠れるものだということ

3 この文章(ぶんしょう)の内容(ないよう)と合っているものはどれか。

1 眠れない夜に「私」がすることは、今と昔では異(こと)なっている。

2 「私」は今、何もしなくてもすぐに眠れるようになった。

3 心配事があっても、眠ることでその心配は軽くできる。

4 疲(つか)れているときは、できるだけ眠ろうとしたほうがいい。

第7週　1日目

目標解答時間　10分

＿＿＿月＿＿＿日

内容理解（長文）Comprehension (Long passages)

つぎの文章を読んで、質問に答えなさい。答えは、1・2・3・4から最もよいものを一つえらびなさい。

日本で仕事をしている兄に会いに、5年前にはじめて日本に来た。兄は、アニメが好きな私を秋葉原という町に連れて行ってくれた。そこにはアニメに関するお店がたくさんあり、歩いているだけでわくわくした。いつかこんな面白い町に住んでみたいと思ったが、旅行だから楽しいのであって、文化の違う国には理解できないことがたくさんあるのだから、そんなところで実際に生活をすることは、きっと私には無理だろうと思っていた。

国へ帰る前日、忘れられない出来事があった。それは兄と一緒に電車に乗ったときのことだ。そのとき、電車には私たちが二人で並んで座れる席がなく、少し離れた場所に１席ずつ席が空いていた。それで、しかたなく私と兄が離れて座ろうとしたとき、その空いている席の隣に座っていた女性がにこにこと笑いながら立ち上がり、もう一つの空いている席に移動した。初め、私はその女性の行動の意味が理解できなかった①が、彼女が移動してくれたことで、私と兄が並んで座れるようになったことに気がついた。彼女が知らない私たちのために、席を移動してくれたことにとても感動した。

私は国へ帰ってからもこのこと②が忘れられず、日本についてもっと知りたいと思うようになった。その気持ちが抑えられなくなり、3年前に日本に来た。初めは不安もあったが、今では、以前は無理だと思っていたこと③も、何の問題もなく楽しんでいる。興味を持っていれば、文化の違いで理解できないことがあっても、楽しく生活できるのだということがよくわかった。

1 この文章を書いた人が最初に日本に来たのは、なぜか。

1 日本で仕事をすることになったから

2 日本に兄が住んでいたから

3 アニメに関する商品を買いたかったから

4 秋葉原に住んでみたかったから

2 ①理解できなかったとあるが、何がわからなかったのか。

1 なぜ電車の席が空いていたのか

2 なぜ女性が電車に乗っていたのか

3 なぜ女性が席を立ったのか

4 なぜ女性が親切にしてくれたのか

3 ②このこととは、どのようなことか。

1 秋葉原という町がとても面白いこと

2 兄と二人で電車に乗ったこと

3 知らない人に親切にしてもらったこと

4 日本について知りたいと思ったこと

4 ③以前は無理だと思っていたこととあるが、何か。

1 文化の違う国で生活すること

2 知らない人に笑いかけること

3 誰かの行動に感動すること

4 誰にでも親切にすること

第7週　2日目

目標解答時間　10分

＿＿＿月＿＿＿日

内容理解（長文）Comprehension (Long passages)

つぎの文章を読んで、質問に答えなさい。答えは、1・2・3・4から最もよいものを一つえらびなさい。

おしゃべりは好きなのに、スピーチは苦手という人は多いと思います。

なぜスピーチは難しいのでしょうか。おしゃべりは決められたテーマもなく、ただ楽しければばいいので簡単です。一方、スピーチはテーマを決めて、みんなに対して自分の考えをきちんとわかりやすく伝えなければなりません。そこにスピーチの難しさ①があるわけです。

では、どうしたらいいスピーチができるでしょうか。

まずは、順番です。スピーチは、「結論」「具体例」「結論」という順番で話すといいと言われています。といっても、テーマを決めてすぐに原稿を書くのは難しいことです。そこで、小さな紙を10枚ぐらい準備しましょう。そして、その紙に話したいことを1つずつ書いてください。それから、順番を考えます。小さな紙を使うと自由に並べ替えられますし、必要なければ捨てることもできるので、整理しやすいです。

原稿ができ上がったら、話す練習をしましょう。どんなに内容がよくても、人の心がつかめるように話せなければいいスピーチにはなりません。まずは、内容を覚え、紙を見ずに顔を上げて話せるようにしましょう。また、スピードが速すぎると聞きにくいので、ゆっくり、はっきりと話す練習も大切です。声の大きさなども大切ですから、誰かに聞いてもらってアドバイスをもらうのもいいでしょう。

スピーチが苦手な人は、ぜひこの2つ②を試してみてください。

1　①スピーチの難しさとは、何か。

1　楽しいテーマを考えること

2　話のテーマが決められていること

3　聞く人に合わせて楽しい話をしなければならないこと

4　自分の考えが伝わるように話さなければならないこと

2　小さな紙を準備（じゅんび）するのはなぜか。

1　順番（じゅんばん）を考えるのに便利だから

2　少しずつ考えられるから

3　テーマを決めるのに役立つから

4　スピーチのときに見るメモに使えるから

3　②この２つとは何か。

1　話す順番（じゅんばん）と内容（ないよう）

2　話すテーマと内容（ないよう）

3　話す内容（ないよう）と話し方

4　声の調子（ちょうし）とスピード

4　この文章（ぶんしょう）では、いいスピーチをするために大切なことは何だと言っているか。

1　結論（けつろん）は２回、最初と最後に必ず言うこと

2　話したいことを10個以上考えること

3　順序（じゅんじょ）よく人の心をつかむように話すこと

4　スピーチの本番の前に誰（だれ）かに聞いてもらうこと

第7週　3日目

目標解答時間　10分

＿＿＿月＿＿＿日

内容理解（長文）Comprehension (Long passages)

つぎの文章を読んで、質問に答えなさい。答えは、1・2・3・4から最もよいものを一つえらびなさい。

地震が起こったときのために、保存できる食べ物を用意したり逃げる方法を確認したりしている人は多いでしょう。しかし、もし犬や猫のようなペットを飼っているなら、彼らのことも考えなければなりません。

例えば、大きな地震が起こると、ペットがびっくりして家から逃げてしまうことがあります。もし彼らが迷子になり、会えなくなってしまったら、これ以上悲しいことはありません。<u>それ</u>①を防ぐために、飼い主（注1）の情報を首輪（注2）に書いたり、マイクロチップ（注3）を入れたりしておきましょう。

また、避難所（注4）では人間の分の食べ物や飲み物は配られますが、ペットの分はすぐには用意されません。だから、ペットの分は飼い主がきちんと用意しておかなければならないのです。

さらに、避難所では動物が苦手な人や、お年寄りや子どもも一緒に生活することになります。他の人に迷惑をかけないように、例えば、犬なら「待て」とか「静かにしなさい」といった指示をきちんと聞くようにしておきましょう。

動物は状況が理解できないので、いつもと違う環境に対して、人間以上に不安を感じます。普段から、飼い主との信頼関係（注5）を育てておくことで、<u>そういう不安</u>②を軽くすることができます。地震への対策は毎日の生活の中でしていかなければならないのです。

（注1）飼い主：ペットを飼っている人
（注2）首輪：ペットの首に着ける布や革でできたベルト
（注3）マイクロチップ：ペットの皮膚の下に入れる2㎜×8～12㎜ぐらいの小さな器具で、特別な機械を使えば、そこから飼い主の情報を読み取ることができる
（注4）避難所：地震などがあったときに逃げる安全な場所
（注5）信頼関係：ここでは、ペットが「この人がいれば大丈夫だ」と安心して、飼い主を信じる気持ち

1 ①それとあるが、何か。

1 ペットに会えなくなってしまうこと
2 ペットが家から逃げてしまうこと
3 ペットが地震で怖い思いをすること
4 ペットが地震で悲しい思いをすること

2 ペットが避難所で生活することについて、この文章に合うものはどれか。

1 人間の食事を与えるとペットが病気になるかもしれない。
2 どんなペットも人間の避難所に連れていくことができない。
3 ペットが他の人の迷惑にならないように工夫するべきだ。
4 人間の言うことを聞くペットはお年寄りや子どもに喜ばれる。

3 ②そういう不安とはどんな不安か。

1 いつもと違う環境でお年寄りや子どもが感じる不安
2 いつもと違う環境でペットが人間に与える不安
3 いつもと違う環境で飼い主が感じる不安
4 いつもと違う環境でペットが感じる不安

4 この文章を書いた人が言いたいことは何か。

1 地震が起こったときのための準備がきちんとされている家が少なすぎる。
2 地震が起こったときに困らないように、ペットに関する準備をするべきだ。
3 地震が起こったときにペットがいれば安心できるので、ペットは素晴らしい。
4 地震が起こったときに大変なので、簡単な気持ちでペットを飼うべきではない。

第7週 4日目

目標解答時間 10分

＿＿月＿＿日

内容理解（長文）Comprehension (Long passages)

つぎの文章を読んで、質問に答えなさい。答えは、1・2・3・4から最もよいものを一つえらびなさい。

今から10年ほど前、私ははじめて外国で一人旅をした。それまで、家族や友人と一緒に外国を旅行したことはあったが、そのときは誰にも頼らないで、どこまで一人でできるのかを試してみたくなったのだ。

初日はこれという問題もなく無事に過ぎたのだが、２日目にそれは起きた。車や自転車の交通量が多い道を渡ろうとしたとき、道の真ん中で転んで足にけがをしたのだ。幸い、骨が折れることはなかったが、足が大きく腫れて(注)しまった。すぐに病院に行きたいと思ったが、病院の場所もわからないし、言葉もわからないので、何もできない。

しかし、ただ困って不安になっていてもしょうがない。「これも旅の一部だ」と考えることにした。この大変な出来事も、国へ帰ったら、きっと私は笑いながら友人に話しているだろう。そう思ったら自然と不安はなくなった。何とかホテルに戻ると、親切なスタッフが手当てをしてくれた。おかげで腫れは徐々に小さくなり、私は病院へ行かずに済んだ。

今では、私は何か問題が起きても、必要以上の心配をしなくなり、気持ちをうまく切り替えることができるようになった。それは、「きっとあとで笑い話になるのだから」と前向きに考えて問題を乗り越えた、この一人旅の経験のおかげだと思っている。

（注）腫れる：ここでは、けがなどでその部分が大きくなること

1 この文章を書いた人が一人旅をしたのはなぜか。

1 前にも行ったことがある国だったから
2 いつも家族や友人と一緒で嫌になったから
3 一人でどのくらいできるかやってみたかったから
4 危険な国へ一緒に行ってくれる人がいなかったから

2 この文章を書いた人が一人旅で経験したことの説明で、合っているものはどれか。

1 交通量の多い道路で転んでしまった。
2 車の事故で骨を折った。
3 病院に行くことを止められた。
4 ホテルのスタッフに病院へ連れて行ってもらった。

3 自然と不安はなくなったとあるが、それはなぜか。

1 何度も旅行しているうちに、不安を感じることに慣れたから
2 どうすれば不安がなくなるのか、よく考えたから
3 つらい経験が旅を楽しいものにすると気がついたから
4 大変なことでも、あとで面白く話せるようになると思ったから

4 一人旅をしたことについて「私」はどう思っているか。

1 家族や友人と一緒に行く旅行と何も変わらなかった。
2 何か困ったことが起きても、助けてくれる人が必ずいることに気がついた。
3 大変なことがあっても、笑っていればどうにかなることがわかった。
4 問題が起きても、前向きに気持ちを切り替えられるようになった。

第7週　5日目

目標解答時間　10分

＿＿＿月＿＿＿日

内容理解（長文）Comprehension (Long passages)

つぎの文章を読んで、質問に答えなさい。答えは、1・2・3・4から最もよいものを一つえらびなさい。

私はこれまでに何回か転職を経験した。新しい仕事を始めて最初の半年間は、新しい会社で早く役に立てるようになりたいのに、わからないことばかりで、悔しさや焦り(注1)を感じるものだ。そんな経験を何回か繰り返すうちに、どうやったら新しい仕事に早く慣れることができるのかわかってきた。それは、真似るということだ。

例えば、お客様から質問のメールが来たならば、過去にどのような問い合わせがあったのかをよく調べて、同じような質問がないか探す。それが見つかったら、今回の質問にも同じ答えが使えるかを先輩に確認してみる。同じ答えでよければ、そのままの内容で返事を送る。同じ答えではだめだと言われたら、今回の質問は昔の質問と何が違うのかを聞いて、正しい答え方を教えてもらう。<u>ゼロから教えてもらう</u>①のではなく、何を真似ようかと調べることで知識が深まる。知識が深まれば、だんだん自分の言葉で答えられるようになる。

人を真似ていてはつまらないとか、自分で考えないのはよくないという意見もあるかもしれない。しかし、考えるのが面倒くさいから真似るのと、学ぶために真似るのは全く違う。料理はまずはレシピ(注2)の通りに作って、その後で自分の好きな味にしていくとおいしくできる。絵も、まずは好きな画家の絵を完全に真似てみて、技術を身に付けると上達が早いという。「真似る」と「学ぶ」は、もともとは一つの言葉だったと言われているそうだ。<u>こういう「真似る」</u>②は積極的にしていきたいものだ。

（注1）焦り：早くしなければならないと思って、いらいらする気持ち
（注2）レシピ：料理の作り方を説明したもの

1 新しい仕事を始めることについて、「私」はどう考えているか。

1 仕事が変わると環境も変わるので、緊張することが多い。

2 会社で役に立てるようになるまでは時間がかかる。

3 新しい仕事を始めるのは何回経験しても慣れないものだ。

4 新しい仕事でも前の仕事の経験が役に立つ。

2 ①ゼロから教えてもらうとは、ここではどういうことか。

1 わからないことを自分で一度も調べずに教えてもらうこと

2 昔、お客様からどんな質問があったのかを教えてもらうこと

3 仕事で一番必要な知識を最初に教えてもらうこと

4 先輩が会社で最初に覚えたことを自分も教えてもらうこと

3 ②こういう「真似る」とはどんなことか。

1 他の方法が思いつかなくて真似ること

2 人と同じことがしたくて真似ること

3 いいやり方を覚えるために真似ること

4 時間が無駄にならないように真似ること

4 この文章で「私」が言いたいことは何か。

1 新しい会社では、何でも先輩を真似ていれば早く慣れることができる。

2 真似をして身に付けた技術は、自分の本当の力だと言うことができない。

3 新しいことを学ぶときは、真似から始めて、だんだんと実力をつけていくとよい。

4 どんな理由であっても、真似ることはいいことなので積極的にするとよい。

第8週　1日目

目標解答時間　10分

＿＿＿月＿＿＿日

情報検索 Information retrieval

右のページは、水族館のお知らせである。これを読んで、下の質問に答えなさい。答えは、1・2・3・4から最も良いものを一つえらびなさい。

1　ウインさんは14時に入館し、このお知らせを見た。イルカショーとペンギンのえさやりを見て、ペンギンと一緒（いっしょ）に写真を撮（と）り、できるだけ早く帰るにはどうすればいいか。

1　ペンギンの写真の予約をして14:30のペンギンのえさやりを見たあと、15:00のイルカショーを見る。

2　14:30のペンギンのえさやりを見て、ペンギンの写真の予約をしたあと、17:00のイルカショーを見る。

3　ペンギンの写真の予約をして15:00のイルカショーを見たあと、16:30のペンギンのえさやりを見る。

4　15:00のイルカショーを見て、ペンギンの写真の予約をしたあと、18:30のペンギンのえさやりを見る。

2　年間パスポート持っている大学生のキムさんは、同じ学校のカさんとビールを１人１杯ずつ飲みながらイルカショーが見たい。カさんははじめてこの水族館へ行く。年間パスポートを作るつもりはない。２人全部でいくらかかるか。

1　3000円

2　3100円

3　3200円

4　5400円

立花水族館へようこそ

■営業時間

10:00〜19:30（最終入館19:00）

■入場料金

	入場券	年間パスポート
大人（高校生以上）	2,200円	4,000円
小・中学生	1,200円	2,300円
幼児（４才以上）	600円	1,200円

※年間パスポートは、作った日から１年間、何回でも入場できます。

■イベントスケジュール（無料）

ペンギンのえさやり（20分）

①10:30〜　②12:30〜　③14:30〜　④16:30〜　⑤18:30〜

<写真サービスのご案内>

ペンギンのえさやりのあと、１組800円で写真を撮ることができます。
写真をご希望の方は、えさやりが始まる１時間前までにご予約ください。

※写真サービスはその回のえさやりを見た方に限ります。

※写真撮影は10分ほどかかります。

※最終の回は一緒に写真を撮ることができませんのでご注意ください。

イルカショー（30分）

①11:00〜　②13:00〜　③15:00〜　④17:00〜　⑤19:00〜

■軽食のご案内

ハンバーガー＆ポテト	600円
ポップコーン	400円
コーラ・オレンジジュース・ウーロン茶・緑茶	各300円
ビール	500円

※年間パスポートをお持ちの方は、500円ごとに100円引きとなります。
お連れの方２名様まで同サービスが受けられます。

第8週　2日目

目標解答時間　10分

＿＿＿月＿＿＿日

情報検索 Information retrieval

右のページは、「さくら観光グループ」の旅館の案内である。これを読んで、下の質問に答えなさい。答えは、1・2・3・4から最もよいものを一つえらびなさい。

1　ジョンさんは7月に、妻と10歳の娘と5歳の娘の4人で家族旅行をする。妻は旅館の温泉に入りたいと言い、娘たちは川か海で遊びたいと言っている。夕食は外で食べ、朝食は旅館で食べる。家族の希望に合っていて、一番安い旅館はどこか。

1　海山旅館　　2　山中旅館　　3　星川旅館　　4　川中旅館

2　マリアさんは7月20日から2泊で「さくら観光グループ」の旅館を1割引きの料金で予約していたが、急な出張でその日に行けなくなった。そのため、7月22日に変更したいと思っている。今日は7月17日である。今日マリアさんが予約を変更すると、料金はどうなるか。

1　宿泊料金の20％の変更料金がかかり、新しい予約では割引がなくなる。

2　宿泊料金の20％の変更料金がかかり、新しい予約でも10％安くなる。

3　変更料金はかからないが、新しい予約では割引がなくなる。

4　変更料金はかからないが、新しい予約でも10％安くなる。

さくら観光グループ ～7月のおすすめ旅館案内～

今月のおすすめ旅館をご紹介します。ご利用の１か月前からご予約が可能です。お早めにご予約いただくと、お得な割引料金でご利用いただけます。

＜７月のおすすめ旅館＞

旅館名	宿泊料金（１人）	お食事	その他（特徴・サービスなど）
海山旅館	大人 10,000円 子供　6,000円	朝食　宿泊料金に含む 夕食　3,000円	・海水浴と山登り、どちらも楽しめます。 ・各部屋に温泉がついています。
山中旅館	大人 10,000円 子供　5,000円	朝食　1,000円 夕食　2,000円 ※５歳以下無料	・近くの川で遊べます。 ・館内には大きな温泉があります。 ・７月中は朝食無料サービス！
星川旅館	大人 9,000円 子供 5,000円	朝食　1,000円 夕食　2,000円 ※５歳以下無料	・旅館の隣には植物園があります。 ・水族館への無料バスがあります。 ・部屋の温泉からの景色は最高です。
川中旅館	大人 10,000円 子供　8,000円	朝食　宿泊料金に含む 夕食　3,000円	・ホテルの前を流れる川で泳いだり釣りをしたりできます。 ・温泉も人気です。 ・７月中は修理のため温泉をご利用いただけません。

※15歳以上は大人料金となります。
※お食事の希望はご予約時にお知らせください。

＜割引キャンペーンについて＞

・宿泊の２週間前までのご予約：２割引き
・宿泊の１週間前までのご予約：１割引き

＜予約のキャンセル・変更について＞

◆キャンセル料
・宿泊の１週間前までのキャンセル：無料
・宿泊の２日前までのキャンセル　：宿泊料金の20%
・宿泊の前日・当日のキャンセル　：宿泊料金の100%

◆ご予約の変更
・予約の変更は宿泊の２日前まで無料です。
・前日・当日の変更は宿泊料金の100%を変更料金としていただきます。
・変更後は、予約を変更した日が新しい予約日になりますのでご注意ください。

第8週 3日目

目標解答時間 10分

＿＿月＿＿日

情報検索 Information retrieval

右のページは、ピザ屋の広告である。これを読んで、下の質問に答えなさい。答えは、1・2・3・4から最もよいものを一つえらびなさい。

1 江口さんはこの広告を持って6月20日に「Tokyoピザ」へ行き、ピザを1枚買った。「人気メニュー②」と同じ具とソースにしたかったが、一緒(いっしょ)に食べる友達がネギが嫌(きら)いなので、ネギのかわりにホウレンソウを選(えら)び、サイズはLサイズにした。いくら支払ったか。

1 870円

2 940円

3 1120円

4 1140円

2 サクラ町に住んでいる山田さんはこの広告をもらったので、「Tokyoピザ」のピザを食べたいと思っている。できるのはどれか。

1 5月18日に店へ行き、「人気メニュー①」のMサイズを1枚、700円以下で買う。

2 6月3日に「人気メニュー①」のMサイズを3枚、無料で家に配達してもらう。

3 6月28日に店へ行き、店の中で「人気メニュー②」のチーズを多くして食べる。

4 7月6日に「人気メニュー②」を配達してもらい、チキンの無料券を使う。

Tokyoピザ　サクラ町店

5月にオープンした新しいお店です。ぜひお越しください！

◆ご注文方法　好きな大きさとソースと具を選んでご注文ください。

STEP 1　**大きさを選ぶ**

・Mサイズ　…**500円**（直径30センチ）

・Ｌサイズ　…**700円**（直径40センチ）

STEP 2　**ソースを選ぶ**

・トマトソース　**100円**　…ピザといえばトマトソース！

・マヨネーズソース　**100円**　…子どもに人気のソースです。

・和風ソース　**150円**　…しょうゆと砂糖を使ったソースです。

・スパイシーソース　**200円**　…トマトソースをさらに辛くしました。本当に辛いです！

STEP 3　**具を選ぶ**（量を多くする場合はそれぞれ＋20円）

・チーズ／トマト／コーン／キノコ／タマネギ／ネギ　…**50円**

・ナス／ジャガイモ／ホウレンソウ／パイナップル／ベーコン／ハム　…**70円**

・サラミ／ハンバーグ／チキン／魚／エビ／イカ　…**100円**

●迷ったらこれ！　人気の組み合わせ

・人気メニュー①　トマトソース＋ チーズ・キノコ・サラミ

・人気メニュー②　和風ソース　＋ チーズ・ネギ・ナス・チキン

◆配達料　・サクラ町内　…200円　　・サクラ町以外　…500円

◆ご注意

・注文は電話かインターネットでお願いします。店でのお受け取りか、配達を希望されるかお選びください。

・店の中に飲食スペースはございません。必ずお持ち帰りの上、お召し上がりください。

・3,000円以上ご注文の場合、配達料は無料です。

◆無料券　切り取ってお使いください。店でお受け取りの場合のみお使いいただけます。

コーン	サラミ	ホウレンソウ	キノコ	チキン
5月1日～15日	5月16日～31日	6月1日～15日	6月16日～30日	7月1日～15日

※下の日付は使用期間です。

第8週　4日目

目標解答時間　10分

＿＿＿月＿＿＿日

情報検索 Information retrieval

右のページは、映画館のお知らせである。これを読んで、下の質問に答えなさい。答えは、1・2・3・4から最もよいものを一つえらびなさい。

1　大学生のクドさんとパルさんは17時まで前田駅の中にあるレストランでアルバイトをしている。アルバイトが終わってから、前田シネマに行き、日本の景色(けしき)や生活の様子がわかる映画を最初から最後まで見たい。2人が見られる映画はいくつあるか。

1　1つ

2　2つ

3　3つ

4　4つ

2　60歳(さい)のアミルさんは、50歳(さい)の妻(つま)と大学生の息子(むすこ)と中学生の娘(むすめ)と一緒(いっしょ)に映画を見たい。息子(むすこ)は学生証を忘れてしまった。料金は全部でいくらか。

1　4500円

2　4800円

3　6000円

4　6300円

前田シネマ

■**営業時間**

9:30～22:00（定休日：第３火曜日）

■**アクセス**

前田駅から歩いて10分

■**料金**

	基本料金（１名）	ペア割引（２名）
一般	1,800円	3,500円
学生（高校生以上）	1,500円	2,800円
小・中学生	1,000円	－
シニア（60歳以上）	1,100円	2,000円

※学生の方は学生証を確認させていただきます。お持ちでない場合は一般料金となります。
※ペア割引は２名でご来場の方が対象です。ポップコーンを１つサービスいたします。
※シニアのペア割引は、どちらか１名が60歳以上で対象となります。

■**今月の上映スケジュール**

タイトル	上映時間	内容
Love & Peace ラブ＆ピース	11:00～12:45 14:00～15:45 17:00～18:45	地方から東京に出てきた大学生が、失恋を乗り越え大人になっていく物語。
かたな	11:30～13:50 14:30～16:50 17:30～19:50	仲間と宝を探して日本中を旅する若者の物語。
あの夏、風が吹いた	11:45～13:15 13:45～15:15 17:45～19:15	日本人がアメリカに留学をして、そこで夢を追いかける物語。
春の訪問者	12:45～14:45 15:45～17:45 19:45～21:45	動物や環境を守りながら、アフリカで生活をしている日本人の物語。
僕の毎日	13:30～15:30 16:30～18:30 19:30～21:30	ペットの犬と国内をドライブ。犬の目を通して見た飼い主の日常の記録。

第8週 5日目

目標解答時間 10分

＿＿月＿＿日

情報検索 Information retrieval

右のページは、ある高校のクラブ活動の紹介（しょうかい）である。これを読んで、下の質問に答えなさい。答えは、1・2・3・4から最もよいものを一つえらびなさい。

1 今日は月曜日である。新入生の内山さんは、文化祭に参加できるクラブに入りたいと思っている。今日はどのクラブを見学するといいか。

1 サッカー部

2 ダンス部

3 科学部

4 音楽部

2 新入生の高橋さんと市村さんは、同じクラブに入部したいと思っている。高橋さんは水曜日、市村さんは木曜日に習い事があってクラブに参加できないので、その都合に合うクラブで、参加費が一番安いものを選（えら）んだ。二人はどうやって入部希望（きぼう）書を出せばいいか。

1 西野先生から入部希望（きぼう）書をもらい、書き終わったら担任の先生に出す。

2 大崎先生から入部希望（きぼう）書をもらい、書き終わったら担任の先生に出す。

3 担任の先生から入部希望（きぼう）書をもらい、書き終わったら西野先生に出す。

4 担任の先生から入部希望（きぼう）書をもらい、書き終わったら大崎先生に出す。

クラブに入ろう！

新入生の皆さん、ご入学おめでとうございます！　石山高校のクラブはどれも楽しいものばかりです。クラブに入って、充実した高校生活を送ってみませんか。

≪クラブの紹介≫

■サッカー部　全国大会に出場したこともある強いサッカー部です。最高の仲間と一緒に、熱い高校生活を送りましょう！（参加費：800円／月）

■卓球部　毎年文化祭で行っている他の学校の卓球チームとの試合は大人気のイベントです。金曜日は町の体育館で練習しています。（参加費：700円／月）

■ダンス部　秋の文化祭での発表に向けていろいろな種類のダンスを練習しましょう。月曜日は学校外のスタジオで練習します。（参加費：900円／月）

■美術部　美術室の道具を自由に使って、秋の文化祭で発表する作品を作ります。活動日のうち週に１日以上参加すれば大丈夫です。（参加費：500円／月）

■科学部　実験をしたり、ロボットを作ったり、コンピューターゲームを作ったりします。数学や化学が苦手でも大歓迎です。（参加費：400円／月）

■音楽部　楽器が初めてでも大丈夫。先輩が優しく教えます。入学式、卒業式、そして文化祭などいろいろな学校行事で活躍できます。（参加費：800円／月）

≪活動日≫　◎ 絶対参加　○ 希望者のみ参加　× 活動なし

	月	火	水	木	金	クラブの先生
サッカー部	◎	×	◎	×	◎	村上先生
卓球部	×	◎	×	◎	○	藤原先生
ダンス部	◎	×	◎	○	×	今田先生
美術部	×	○	○	×	○	大崎先生
科学部	◎	×	×	◎	×	川本先生
音楽部	◎	◎	×	○	×	西野先生

≪入部方法≫

・入部前に必ず見学をしてください。絶対参加の日でなくても大丈夫ですが、見学できるのは学校内での活動日に限ります。また、１日に１つのクラブしか見学できません。

・「入部希望書」をクラブの先生から受け取ってください。実際に入部する場合は「入部希望書」に学年・クラス・名前を書き、自分のクラスの担任の先生に出してください。

言葉を覚えよう３

※＿＿＿＿には意味を調べて書きましょう。

い形容詞

□えらい ＿＿＿＿ 「弟さんの面倒を見てえらいね」と隣のおばさんに言われた。
□大人しい ＿＿＿＿ その犬は駅の前で大人しく主人の帰りを待っていた。
□かゆい ＿＿＿＿ 蚊に刺されたところがとてもかゆい。
□悔しい ＿＿＿＿ 昨日のバスケットボールの試合は、１点差で負けて悔しかった。
□塩辛い ＿＿＿＿ スープに入れる塩の量を間違えて、塩辛くなってしまった。
□辛い ＿＿＿＿ トレーニングはとても辛かったが、優勝できて幸せです。
□懐かしい ＿＿＿＿ 棚を整理していたら、小学生時代の懐かしい写真が出てきた。
□ぬるい ＿＿＿＿ 冷たいと思って飲んだビールがぬるくておいしくなかった。
□ひどい ＿＿＿＿ ひどい雨で野球の試合が中止になった。
□細長い ＿＿＿＿ 日本は南北に細長い島国である。
□貧しい ＿＿＿＿ 私は、貧しいけれども明るい家庭で育ちました。
□蒸し暑い ＿＿＿＿ 昨日の晩は蒸し暑くて、なかなか寝られませんでした。
□申し訳ない ＿＿＿＿ 友達にけがをさせてしまい、申し訳ない気持ちでいっぱいです。
□もったいない ＿＿＿＿ まだ使えるのに、古くなったから捨てるというのはもったいない。
□ものすごい ＿＿＿＿ 事故を起こした車はものすごいスピードを出していたらしい。

な形容詞

□穏やかな ＿＿＿＿ 暖かく穏やかな天気が続いていて、桜がそろそろ咲きそうだ。
□可能な ＿＿＿＿ 可能なら、明日同じ時間にもう一度来てください。
□盛んな ＿＿＿＿ この地方は、米作りが盛んです。
□様々な ＿＿＿＿ この公園では一年を通して様々な花が見られる。
□地味な ＿＿＿＿ 私はいつも地味な色や大人しいデザインの服を買う。
□重大な ＿＿＿＿ 医者は患者の命を守るという重大な責任を持っている。
□適当な ＿＿＿＿ 下の文の（　　　）に入る適当な言葉を選びなさい。
□派手な ＿＿＿＿ 面接では派手なネクタイはしないほうがいいと思います。
□不規則な ＿＿＿＿ そんな不規則な生活をしていると、体を壊しますよ。
□無事な ＿＿＿＿ 車とトラックがぶつかる事故が起きたが、全員無事で安心した。
□平和な ＿＿＿＿ 戦争のない、誰もが安心して暮らせる平和な社会を目指す。
□無駄な ＿＿＿＿ 貯金をしたいので、無駄な買い物はしないようにしている。
□楽な ＿＿＿＿ もう少し楽な仕事はないだろうか。
□わがままな ＿＿＿＿ 子どものころ、母にわがままなことを言って、よくしかられた。

聴解編

Listening

例題と解き方 ～聴解編～

課題理解 Task-based comprehension

話を聞いて、話の後にしなければならないことを選ぶ問題です。選択肢は問題用紙に印刷されています。

This problem involves listening to a dialogue and selecting the action that needs to be performed following that exchange. The answer choices are printed in the test booklet.

例題1 ♪ N3-1

1 もうしこみようしを書く
2 いっしょにさんかする人をさがす
3 会場の外に出てならぶ
4 さんかひをはらう

＜聞く順番＞
状況説明・質問
▼
話
▼
質問

例題2 ♪ N3-2

1 アイ　　2 アウ　　3 イウ　　4 イエ

ア

イ

ウ

エ

スクリプトはpp.142-143

STEP 1　質問を聞いて、「誰がするか」に注意しよう

Listen to the question and take note of whose action it is asking about.

☞ 質問では、誰の行動について聞かれているのかを正しく聞く。
例：「女の人は、この後何をしますか。」「学生は、これから何をしなければなりませんか。」

STEP 2　「しなければならないこと」に、順番をつけよう

Mentally arrange the various steps in the order they need to occur.

☞ 会話の中に「あれをして」「これをして」といくつかの指示や依頼が出てくる。選択肢（絵や文）を見ながら会話を聞き、「これからすること」「しなくてもいいこと」「もう終わったこと」などをメモし、最初にしなければならないものを選ぶ。

☞ 注意する言葉

「Aをしたら、B」「Aが終わったら、B」「Aの後で、B」「Aをしてから、B」など
　➡Aを先にする
「Aより先に、B」「Aよりもまず、B」など
　➡Bを先にする
「すぐに」「まず」「最初に」「はじめに」「急いで」など
　➡一番最初にする
「それはいい（必要ない）」「それはそのまま」など
　➡しなくてもいい

ポイント理解　Point comprehension

初めに聞き取らなければならないポイントを理解してから話を聞いて、正しい答えを選ぶ問題です。話を聞く前に問題用紙の選択肢を読む時間があります。

This problem involves ascertaining the piece of information that needs to be picked out in the recording, listening to the dialogue, and selecting the correct answer. You are given time to read the answer choices listed in the test booklet before listening to the dialogue.

例題3　♪ N3-3

1　今度の週末　　2　来週の週末
3　正月　　4　夏休み

例題4　♪ N3-4

1　体のぐあいがわるいから
2　会社でいやなことが　あったから
3　おなかが　へっていないから
4　ダイエットをしているから

スクリプトはp.143

<聞く順番>

状況説明・質問
▼
［選択肢を読む時間（約20秒）］

▼
話
▼
質問

STEP 1 質問を聞いて、どのポイントについて答えるかに注意しよう

Listen to the question to understand what piece of information needs to be acquired.

質問を聞くときは、疑問詞（何、いつ、どこ、どうして など）をしっかり聞く。疑問詞によって、答えに関係するポイントがわかる。

疑問詞 Interrogative	注意して聞くポイント What to listen for
どうして／なぜ	**理由を表す言葉** Words expressing a reason 例：「から」「ので」「～し～し」「んです」「だって」「～て（で）」
何	**意思や好みを表す言葉** Words expressing intentions, preferences, etc. 例：「～がいい」「～はいやだ」「～にする」「～に決めた」「～が一番」「何と言っても～」「特に～」「やっぱり～」
誰	**役職名や職業名** Job titles, occupations, etc. 例：「社長」「店長」「部長」「部下」「警官」「医者」「先生」「学生」
いつ	**時間を表す言葉** Expressions of time 例：「～曜日」「～日」「～時」「午前」「午後」「その前」「その後」
どこ	**場所を表す言葉** Words indicating places 例：「映画館」「図書館」「プール」「公園」「学校」「会社」 **位置を表す言葉** Words expressing spatial position 例：「右」「左」「前」「後ろ」
いくつ／いくら	**数・量・金額を表す言葉** Expressions of number, quantity, or monetary amount 例：「～円」「～個」「合計」「半分（半額）」「あと～円」「足りる」「足りない」「～人分」「割引」
どんな／どう	**気持ちや性格を表す言葉** Words expressing feelings, temperament, etc. 例：「楽しい」「優しい」「新しい」「難しい」「静かな」「親切な」 **状態や状況を表す言葉** Words expressing conditions, circumstances, etc. 例：「疲れた」「困った」「混んでいる」

STEP 2 問題用紙の選択肢を頭の中で声に出して読もう

Read the answer choices listed in the test booklet, mentally vocalizing them as you do so.

質問文の後、話が読まれるまで約20秒あるので、その間に問題用紙の選択肢を必ず読んでおく。意味を確認しておくことはもちろんだが、話に出てくる表現や言葉がそのまま選択肢になっていることが多いので、どのような音で発音されるか頭の中で確認しておくと聞き取りやすくなる。

STEP 3 話を聞きながら、問題用紙の選択肢に×をつけていこう

As you listen to the dialogue, cross out the choices in the test booklet that can be eliminated.

- 話の中の問いかけに賛成しているか、反対しているかよく聞き、反対された選択肢を消していく。「うん／ううん」などは注意してよく聞く。
- 話の中の言葉が、選択肢では別の言葉に言い換えられていることもある。表現が違うからといって、すぐ×にしない。

概要理解 Summary comprehension

話のテーマや伝えたいことは何かを答える問題です。問題用紙には何も印刷されていないので、選択肢も聞き取らなければなりません。

This problem tests your ability to comprehend the main idea, assertion, etc. of a monologue/dialogue from the whole. Nothing is printed in the test booklet, so you need to listen for the answer choices in the recording.

例題5 ♪ N3-5

例題6 ♪ N3-6

（この問題は、問題用紙に何も印刷されていません）

スクリプトはpp.144-145

<聞く順番>

状況説明

▼

話

▼

質問

▼

選択肢（4つ）

STEP 1 これからどんな話が読まれるか考えよう

Anticipate what type of talk will be presented.

- まず、「誰が」「どんな場面で」話しているかよく聞き、この後どんな話が続くのか考える。
  例1：「テレビでレポーターが話しています」➡ ニュース／商品の説明／天気予報　など
  例2：「医者がテレビで話しています」➡ 健康や病気について　など

STEP 2 メモを取ろう

Take notes.

- 話を聞き終わるまで質問がわからないので、話を聞いている間はできるだけメモを取る。何度も出てくる言葉や表現は特に注意する。
- 「楽しかった」や「疲れた」など別々に話したことが、選択肢で「楽しかったけど疲れた」のように一緒になることが多いので注意する。
- たくさんメモを取らなければならないので、自分の国の言葉や記号などを使って、後で自分が見てわかりやすいように書くとよい。

STEP 3 聞いた言葉をまとめよう

Sort out the expressions you heard.

☞ 話を聞いた後、話のテーマ、伝えたいことは何かを聞く質問が流れる。

例：「先生の話のテーマは何ですか」「レポーターは何について伝えていますか」 など

☞ 選択肢の終わりの言葉に注意する。特に「～の方法」「～の目的」「～の理由」「～の影響」「～の特徴」などは、よく出てくるので、これらの言葉の意味は必ず覚えておく。

発話表現 Utterance expressions

イラストを見ながら説明を聞き、その状況に合う表現を選ぶ問題です。問題用紙には絵だけが印刷されていて、選択肢は聞き取らなければなりません。

This problem involves listening to a description of a situation while looking at an illustration, and selecting the expression that best matches the situation. Only the illustration is printed in the test booklet, so you need to listen for the answer choices in the recording.

<聞く順番>
状況説明・質問
▼
選択肢（3つ）

スクリプトはp.145

STEP 1 絵の➡に注意しよう

Look at where the arrow in the illustration is pointing.

☞ 話す人には「➡」がついている。間違えないように、話を聞く前に必ず確認すること。

STEP 2 絵を見て、どこで誰と話しているか確認しよう

Look at the illustration and identify who is being addressed by the speaker, and where they are.

☞ どこで誰と話しているのかを確認する。（レストランで友達と、学校で先生と　など）

☞「➡」の人の顔もヒントになるので、必ず確認する。（嬉しそう、悲しそう　など）

STEP 3 **選択肢を聞いて、正しいものを選ぼう**

Listen to the answer choices and select the correct one.

☞ 丁寧体か普通体かを確認する。学生が先生に話すなら丁寧体 (polite style)、友達と話すなら普通体 (casual style) を使うなど、絵の状況に合っているものを選ぶ。

☞「する／される／させる」「あげる／くれる／もらう」「貸す／借りる」などは間違えやすい。「➡」の人に合うのはどれか、よく注意すること。

即時応答 Quick response

短い文を聞いて、それに対する正しい答え方を選ぶ問題です。問題用紙には何も印刷されていないので、選択肢も聞き取らなければなりません。

This problem involves listening to a short utterance and selecting the correct response from the answer choices. Nothing is printed in the test booklet, so you need to listen for the answer choices in the recording.

例題8 ♪ N3-8
♪ N3-9
♪ N3-10

（この問題は、問題用紙に何も印刷されていません）

スクリプトはp.145

<聞く順番>

短い文

▼

選択肢（3つ）

STEP 1 **どんな場面の会話なのか想像しよう**

Figure out the situational context of the dialogue.

☞「これからするのか、もうしたのか」に注意

例： 男：パーティー、行けばよかった。➡ パーティーは終わったこと。この人は行かなかった。

女：1 楽しそうだね。

2 楽しいと思うよ。

3 楽しかったよ。➡ **答え**

☞「言った人がするのか、答える人がするのか」に注意

例： 女：わかったらすぐ、連絡よろしくね。➡ 連絡するのは答える人（男）

男：1 はい、早くしてくださいね。

2 はい、そうします。➡ **答え**

3 はい、すぐに連絡したはずです。

STEP 2 文型・表現に注意しよう

Pay attention to the grammatical patterns and expressions used.

☞ 話すときに使われる言葉が多く出る。話し言葉と書き言葉を整理しておこう。挨拶の言葉なども出るので、しっかり覚えておくこと。

STEP 3 イントネーションに注意しよう

Take note of the intonation.

☞ 同じ言葉でも、イントネーション（音の上がり下がり）によって意味が変わるものがある。特に文の終わりの言い方に注意する。

例：　これ、いい？↗ ➡ いいかどうか確認している

　　　これ、いい。↘ ➡ いいと思っている

例題１　スクリプト　♪ N3-1

日本文化のイベント会場で、係りの人が話しています。着物体験コーナーに参加したい人はまず何をしなければなりませんか。

女：えー、では次に、着物体験コーナーについて説明します。着物体験コーナーでは、着物の着方を習ったり、着物を着て写真を撮ったりすることができます。こちらに参加したい方は、受付にある申し込み用紙に必要事項をお書きになって、係りにお渡しください。１組２名までご参加いただけます。また、参加費は一人300円です。申し込みのときにその場でお支払いいただきますので、なるべくお釣りが出ないようにお願いします。なお、着物を着たまま会場の外へ出ることはできませんのでご注意ください。続きまして、日本料理体験コーナーですが……。

着物体験コーナーに参加したい人は、まず何をしなければなりませんか。

例題２　スクリプト　♪ N3-2

電話で娘と父親が話しています。父親はこれから何をしますか。

女：もしもし、お父さん？　今どこにいるの？　こっちはもう料理の準備、終わったよ。あとはお父さんがお母さんの誕生日のケーキを買ってくれれば、準備はオッケー。

男：遅くなってごめん。さっき会社を出て、ちょうどケーキ屋の前に着いたところ。ついでに、ワインも買って帰ろうか？

女：ワインはさっきおばあちゃんから届いたから、大丈夫。それより、お母さんが好きなお花を買ってきたら？

男：そうだね。きっとお母さん喜ぶね。

女：うん、もうすぐお母さん帰ってくるから、できるだけ早く帰ってきてね。

父親はこれから何をしますか。

例題３　スクリプト　N3-3

留守番電話のメッセージを聞いています。男の人はいつ帰ると言っていますか。

男：もしもし、お母さん？　健一だけど。今度の週末、そっちに帰るって約束してたけど、急に仕事で出張することになっちゃって、帰れそうにないんだ。あと、来週の週末は前々から先輩に誘われてて……。正月から帰ってなくてごめん。来月は夏休みがあるから、そのとき必ず帰るようにするよ。でさ、実はそのときにみんなに紹介したい人がいるんだ。彼女にも家族を紹介するって言ってあるから、そのことお父さんにも伝えておいてもらえるかな。じゃ、また連絡するよ。

男の人はいつ帰ると言っていますか。

例題４　スクリプト　N3-4

うちで夫と妻が話しています。妻はどうして晩ご飯を食べませんか。

男：あれ、奈美。さっきから全然食べてないけど、具合でも悪いの？

女：ううん、そんなことないよ。

男：じゃ、何か会社で嫌なことでもあった？

女：ううん。実は、さっきケーキを３つ食べちゃってさ。

男：何だ、それでおなかが減ってないのか。奈美がダイエットするわけがないと思ったから、病気なのかと思って心配しちゃったよ。でも３つってさ。

女：食べすぎちゃったみたい。でも、心配しなくていいよ。あなたのケーキはちゃんと冷蔵庫に入れてあるから。

男：えっ、まだあるの？

妻はどうして晩ご飯を食べませんか。

例題5　スクリプト　N3-5

テレビでアナウンサーが話しています。

男：皆さん、おはようございます。私は今、チーズ専門店に来ています。こちらのお店には、なんと世界中から集められたチーズが約200種類も置いてあるんです。また、チーズの販売だけではなく、チーズを使った料理や、それに合うワインも紹介してくれるので、大変人気のお店なんです。さらに、ご希望の方には料理教室も開いてくれるそうです。おっ、ちょうど店長がチーズを使ったクッキーを運んできてくださいました。とてもいい香りがしますね。私も一ついただいてみます。うん、これはおいしいです！　あー、ワインが飲みたくなってしまいます。皆さんも、ぜひいらっしゃってください。

アナウンサーは何について話していますか。

1　世界のチーズの種類
2　チーズとワインの選び方
3　この店の特徴
4　チーズを使った料理の作り方

例題6　スクリプト　N3-6

レストランで女の客と男の店員が話しています。

女：すみません。あの、ちょっとよろしいでしょうか。
男：あ、すみません。開店は11時半からなので、まだ準備中なんですが。
女：えっと、来週の予約のことでちょっと話したいだけなんですが。
男：そうでしたか。大変失礼いたしました。
女：実は、来週金曜日6時から予約をしているんですが、一緒に来る友人が少し遅れてしまいそうなんです。30分くらいなんですけど。
男：そうしますと、6時半からに変更ですね。それぐらいでしたら、問題はございませんよ。
女：そうですか、よかった。……あ、これ、新しいデザートのお知らせですか。
男：はい、今月はイチゴです。
女：へえ、おいしそうですね。来週のコースにもつけられますか。
男：はい。
女：じゃ、これもつけてください。
男：では、そのように準備いたします。
女：よろしくお願いします。

女の人はレストランに何をしに来ましたか。

1　お店が開く時間を聞きに来た。
2　人数が減ることを伝えに来た。
3　予約の時間を変えてもらいに来た。
4　コース料理にデザートをつけてもらいに来た。

例題7　スクリプト　N3-7

頭が痛いので、早く帰りたいです。何と言いますか。

男：1　帰ってもいいんですよ。
　　2　帰らせていただけませんか。
　　3　帰らせましょうよ。

例題8　スクリプト

1番　N3-8

男：就職、決まったんだって？
女：1　ええ、ごちそうさま。
　　2　ええ、おかげさまで。
　　3　ええ、おたがいさま。

2番　N3-9

女：あなたのせいで私まで叱られちゃったじゃない。
男：1　そうだよ、ちゃんと謝ってよ。
　　2　うん、叱られるかと思ったよね。
　　3　本当にごめんね。

3番　N3-10

女：あの2人、けんかしたらしいよ。
男：1　また？　きっとすぐ仲直りするよ。
　　2　もう結婚するんだ。早いね。
　　3　だって本当に失礼なこと言われたから。

例題の答え　例題1　1　例題2　4　例題3　4　例題4　3　例題5　3　例題6　3　例題7　2　例題8　2, 3, 1

第9週　1日目

月　　日

課題理解 Task-based comprehension

まず質問を聞いてください。それから話を聞いて、問題用紙の1から4の中から、最も良いものを一つえらんでください。

1　N3-11　1　アウ　　2　アエ　　3　イウ　　4　イエ

2 N3-12
1 火曜日
2 水曜日
3 木曜日
4 金曜日

3 N3-13
1 きょうかしょを教室に運ぶ
2 クラスの学生のにんずうをかぞえる
3 きょうかしょをはこに入れる
4 つくえを教室に運ぶ

4 N3-14
1 もうしこみようしを書く
2 うけつけで　しょうめいできるものを見せる
3 さんかひをはらう
4 せつめい会にさんかする

5 N3-15
1 ドレミさんぎょうの社長と話す
2 かいぎで使うしりょうを作る
3 ほかの人に仕事をたのむ
4 お茶とおかしをじゅんびする

6 N3-16
1 トマトを買いに行く
2 なべを火にかける
3 なべにしおを入れる
4 あじをチェックする

第9週　2日目

月　　日

課題理解 Task-based comprehension

まず質問を聞いてください。それから話を聞いて、問題用紙の1から4の中から、最もよいものを一つえらんでください。

1　N3-17　1 アイ　2 アウ　3 イエ　4 イオ

2 N3-18
1 じょうけんを　かくにんする
2 もうしこみ用紙(ようし)をもらう
3 もうしこみ用紙(ようし)を送(おく)る
4 作文(さくぶん)を書(か)く

3 N3-19
1 つくえといすをならべる
2 しりょうの　いんさつをする
3 じゅんびの手伝(てつだ)いをよぶ
4 しゅっせきしゃを　せきにあんないする

4 N3-20
1 がめんをふく
2 しゅうり会社(がいしゃ)に電話(でんわ)する
3 中(なか)のぶひんをクリーニングする
4 せつめいしょを見(み)る

5 N3-21
1 料理(りょうり)をテーブルにはこぶ
2 料理(りょうり)を皿(さら)に分(わ)ける
3 飲(の)み物(もの)の作(つく)り方(かた)を習(なら)う
4 テーブルをかたづける

6 N3-22
1 クラスでアンケートをとる
2 先生(せんせい)にこうこくをもらう
3 水族館(すいぞくかん)に行(い)くことをていあんする
4 夏休(なつやす)みのけいかくを学校(がっこう)に知(し)らせる

第9週　3日目

______月______日

課題理解　Task-based comprehension

まず質問を聞いてください。それから話を聞いて、問題用紙の1から4の中から、最もよいものを一つえらんでください。

1　N3-23

1
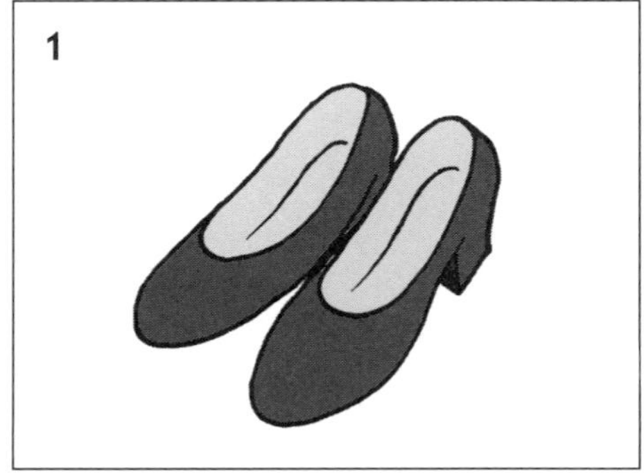

2

3
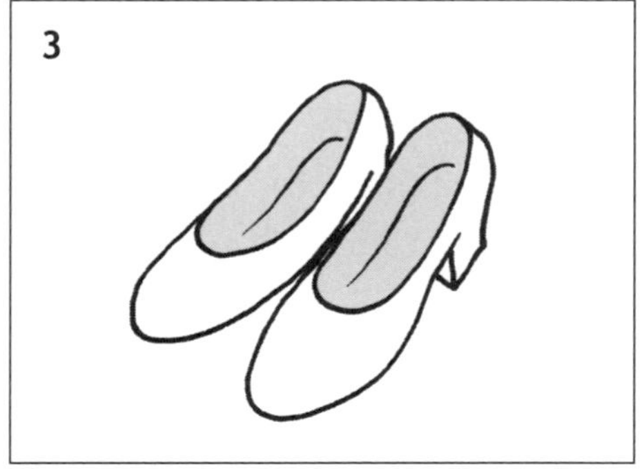

4
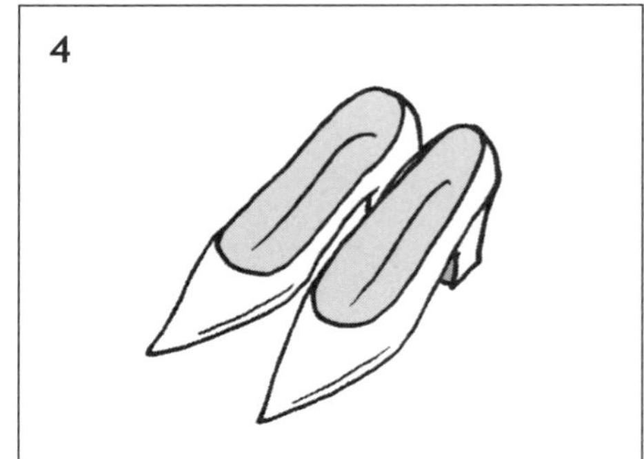

2 N3-24
1 パンケーキにバナナをのせる
2 イチゴをれいぞうこから出す
3 バターを買いに行く
4 バナナを切る

3 N3-25
1 コンビニエンスストアでもうしこむ
2 びじゅつ館のホームページからもうしこむ
3 ばんぐみのホームページからもうしこむ
4 びじゅつ館のおみやげ屋でもうしこむ

4 N3-26
1 皿をかたづける
2 テーブルのいちをなおす
3 きゃくをおいかける
4 ゆかをそうじする

5 N3-27
1 上着を着る
2 しゅくだいをする
3 シャワーをあびる
4 かぜぐすりを飲む

6 N3-28
1 写真のまいすうをへらす
2 チームの人の意見を聞く
3 写真を明るくする
4 カメラマンに電話をする

第9週 4日目

月　　日

課題理解 Task-based comprehension

まず質問を聞いてください。それから話を聞いて、問題用紙の1から4の中から、最もよいものを一つえらんでください。

1　N3-29　1 ア　2 イ　3 ウ　4 エ

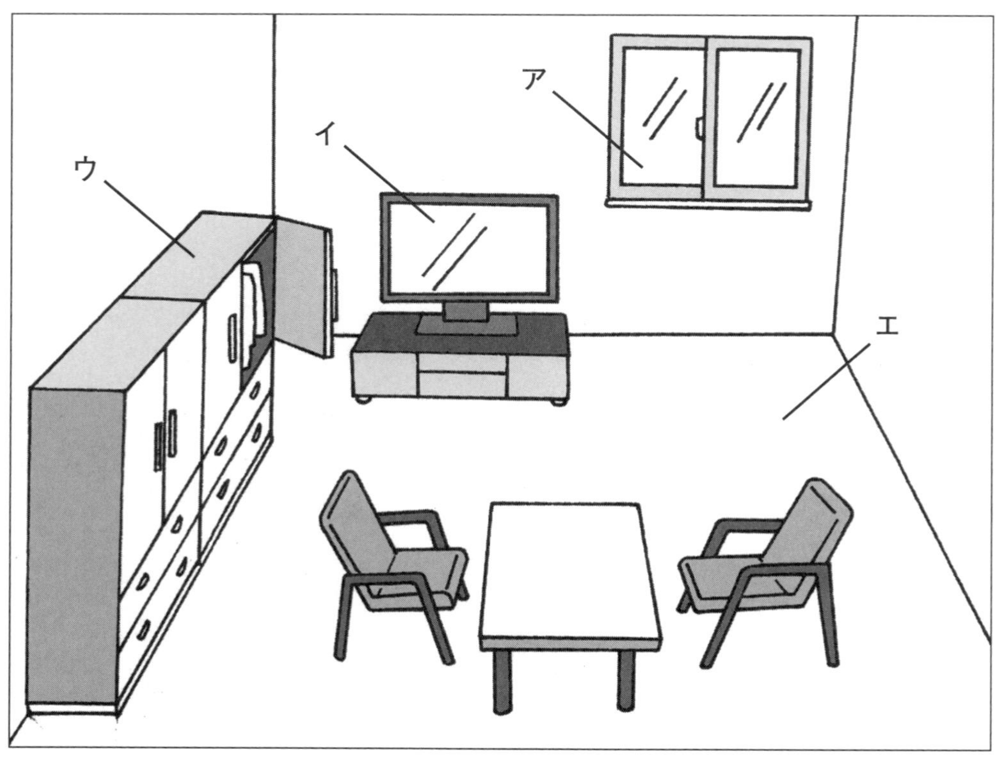

2 N3-30
1 おかしのセットを作る
2 ゲームのじゅんびをする
3 げんかんにジュースをおく
4 車ににもつを運ぶ

3 N3-31
1 いらいしょに入力する
2 かんりぶに　いらいしょを送る
3 ぶちょうに　きょかをもらう
4 ぶんぼうぐをチェックする

4 N3-32
1 6時15分
2 6時30分
3 6時45分
4 7時00分

5 N3-33
1 本をふくしま先生にかえす
2 本をきむら先生にとどける
3 もう一度本を読む
4 ノートにサインする

6 N3-34
1 カレーをたなにならべる
2 かたづけをする
3 ポスターをはる
4 お茶をじゅんびする

第9週　5日目

月　　日

課題理解 Task-based comprehension

まず質問を聞いてください。それから話を聞いて、問題用紙の1から4の中から、最もよいものを一つえらんでください。

1　N3-35

2 N3-36
1 火曜日
2 水曜日
3 木曜日
4 金曜日

3 N3-37
1 かちょうにメールをする
2 かちょうにちょくせつ聞きに行く
3 女のせんぱいにメールをする
4 女のせんぱいに　しりょうをわたす

4 N3-38
1 自分のレポートをみじかくする
2 男の学生のメールを見る
3 友だちに早くレポートを出させる
4 友だちに　てつだいがひつようか聞く

5 N3-39
1 大人用のすし６人分
2 大人用のすし５人分
3 大人用のすし４人分と子ども用のすし２人分
4 大人用のすし４人分と子ども用のすし１人分

6 N3-40
1 家族に会いに行く
2 クッキーを買う
3 おばあちゃんに電話する
4 カラオケ教室に行く

第10週　1日目

＿＿月＿＿日

ポイント理解　Point comprehension

まず質問を聞いてください。そのあと、問題用紙を見てください。読む時間があります。それから話を聞いて、問題用紙の1から4の中から、最もよいものを一つえらんでください。

1　N3-41
1　食事がおいしくなったこと
2　ちょきんが　できるようになったこと
3　気持ちが楽になったこと
4　けんこうになったこと

2　N3-42
1　弟をよぶため
2　しゃしんを　さがすため
3　子どもとあそぶため
4　うえきを　おくため

3　N3-43
1　車のじこがあったから
2　タクシーがすすまないから
3　道で工事をしているから
4　自転車がなかったから

4　N3-44
1　自分でいろいろな料理を作ってみる
2　料理教室に通う
3　インターネットのサイトを見る
4　会社の人に教えてもらう

5　N3-45
1　さけによったきゃくが　来ること
2　タバコの名前を　おぼえなければならないこと
3　いつも店がいそがしいこと
4　トイレに行けないときがあること

6　N3-46
1　去年のしんこうひょうを見る
2　ダンス部のメンバーに会いに行く
3　先生にそうだんに行く
4　かいかいしきの後ですることを考える

第10週 2日目

＿＿＿月＿＿＿日

ポイント理解 Point comprehension

まず質問を聞いてください。そのあと、問題用紙を見てください。読む時間があります。それから話を聞いて、問題用紙の1から4の中から、最もよいものを一つえらんでください。

1 N3-47

1 一日中よわい雨がふる
2 雨がふって風もつよくふく
3 きおんが上がるがあつくかんじない
4 午後3時ごろまで雨がふる

2 N3-48

1 先生にほめられたいから
2 大学生とあそびたいから
3 会話のれんしゅうが　できるから
4 チンさんの料理が食べられるから

3 N3-49

1 アルバイトの日がかえられなかったから
2 母のおみまいに行くから
3 母のたいいんの　てつづきに行くから
4 母が家でゆっくりできるように　じゅんびするから

4 N3-50

1 けいごがうまく使えないこと
2 仕事のおぼえが悪いこと
3 自分の意見を言わないこと
4 仕事中にしゃべりすぎること

5 N3-51

1 本を借りるため
2 勉強するため
3 本をかえすため
4 はたらくため

6 N3-52

1 3000円
2 2500円
3 2250円
4 2200円

第10週 3日目

＿＿月＿＿日

ポイント理解 Point comprehension

まず質問を聞いてください。そのあと、問題用紙を見てください。読む時間があります。それから話を聞いて、問題用紙の1から4の中から、最もよいものを一つえらんでください。

1 N3-53
1 スポーツざっし
2 ファッションざっし
3 テレビざっし
4 マンガざっし

2 N3-54
1 かべの前
2 ベンチの後ろ
3 いけのよこ
4 まどの近く

3 N3-55
1 日本と韓国
2 ドイツとフランス
3 日本とスペイン
4 ブラジルとイタリア

4 N3-56
1 おとなしい子ども
2 みんなの中心にいる子ども
3 スポーツがだいすきな子ども
4 よくなく子ども

5 N3-57
1 かんじの問題集
2 作文
3 ぶんぽうのプリント
4 テストの見なおし

6 N3-58
1 にほんしゅがおいしいから
2 社長でも食べられるお肉があるから
3 社長が食べたいと言っているものがあるから
4 どんなものでも用意できるから

第10週　4日目

月　　日

ポイント理解 Point comprehension

まず質問を聞いてください。そのあと、問題用紙を見てください。読む時間があります。それから話を聞いて、問題用紙の1から4の中から、最もよいものを一つえらんでください。

1　N3-59
1 時計
2 けいたい電話
3 じしょ
4 飲み物

2　N3-60
1 日にやけて　はだがいたくなるから
2 むしが多くて　さされるとはれるから
3 山を歩くとつかれるから
4 さむいのがにがてだから

3　N3-61
1 りゅうがくするため
2 しゅうしょくのため
3 きゃくと話すため
4 こいびとを作るため

4　N3-62
1 肉料理とスープ
2 肉料理とサラダ
3 魚料理とスープ
4 魚料理とサラダ

5　N3-63
1 出かけるとき雨がふっていたから
2 ふとんを　かわかしていたから
3 雨にぬれておふろに入っていたから
4 ごみをとりに来てもらったから

6　N3-64
1 書きやすいから
2 先生にもらったから
3 高かったから
4 もう売っていないから

第10週 5日目

＿＿＿月＿＿＿日

ポイント理解 Point comprehension

まず質問を聞いてください。そのあと、問題用紙を見てください。読む時間があります。それから話を聞いて、問題用紙の1から4の中から、最もよいものを一つえらんでください。

1 N3-65
1 やいたり　にたりしていないから
2 あじがすきではないから
3 食べすぎてあきたから
4 ダイエットをしているから

2 N3-66
1 こうつうじこが　あったから
2 けいさつがはんにんを　つかまえていたから
3 人気のはいゆうが来ていたから
4 ドラマのさつえいをしていたから

3 N3-67
1 友だちを作りたいから
2 とざんを　したことがないから
3 体力にじしんがあるから
4 おいしいおさけが飲みたいから

4 N3-68
1 しずかな音楽
2 アニメの音楽
3 クラシック音楽
4 外国語の音楽

5 N3-69
1 あつすぎるから
2 試験勉強をしていたから
3 ゲームをしていたから
4 テレビを見ていたから

6 N3-70
1 月曜日
2 火曜日
3 水曜日
4 金曜日

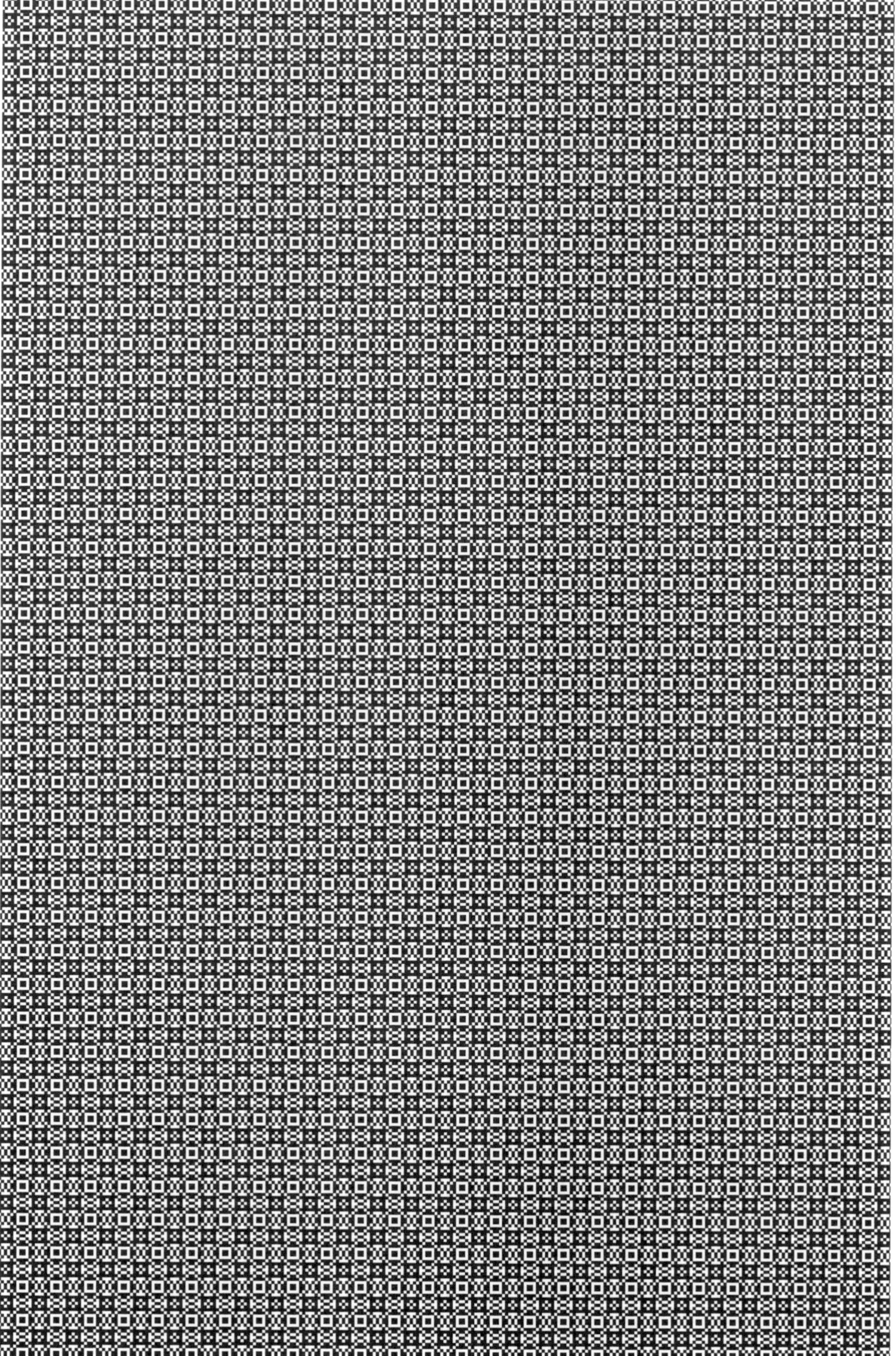

第11週 1日目

月　日

概要理解 Summary comprehension

問題用紙に何もいんさつされていません。この問題は、ぜんたいとしてどんなないようかを聞く問題です。話の前に質問はありません。まず話を聞いてください。それから、質問とせんたくしを聞いて、1から4の中から、最も よいものを一つえらんでください。

1 N3-71　1　2　3　4

2 N3-72　1　2　3　4

3 N3-73　1　2　3　4

発話表現 Utterance expressions

えを見ながら質問を聞いてください。やじるし（➡）の人は何と言いますか。1から3の中から、最もよいものを一つえらんでください。

1 N3-74　1　2　3

2 N3-75 1 2 3

3 N3-76 1 2 3

4 N3-77 1 2 3

第11週 2日目

____月____日

概要理解 Summary comprehension

問題用紙に何もいんさつされていません。この問題は、ぜんたいとしてどんなないようかを聞く問題です。話の前に質問はありません。まず話を聞いてください。それから、質問とせんたくしを聞いて、1から4の中から、最もよいものを一つえらんでください。

1 N3-78 1 2 3 4

2 N3-79 1 2 3 4

3 N3-80 1 2 3 4

発話表現 Utterance expressions

えを見ながら質問を聞いてください。やじるし（➡）の人は何と言いますか。1から3の中から、最もよいものを一つえらんでください。

1 N3-81 1 2 3

2 N3-82 1 2 3

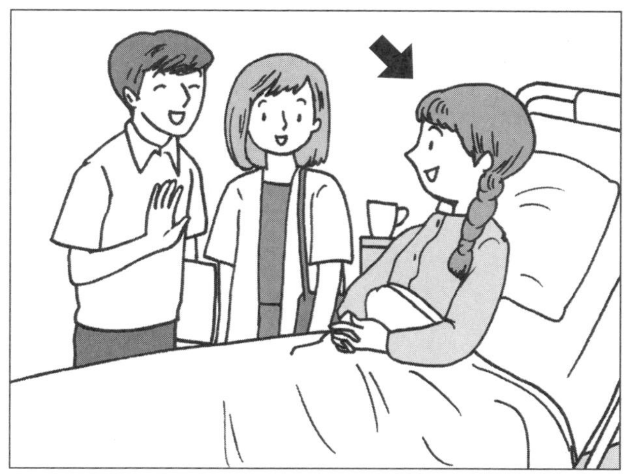

3 N3-83 1 2 3

4 N3-84 1 2 3

第11週 3日目

月　　日

概要理解 Summary comprehension

問題用紙に何もいんさつされていません。この問題は、ぜんたいとしてどんなないようかを聞く問題です。話の前に質問はありません。まず話を聞いてください。それから、質問とせんたくしを聞いて、1から4の中から、最も よいものを一つえらんでください。

1 N3-85　1　2　3　4

2 N3-86　1　2　3　4

3 N3-87　1　2　3　4

発話表現 Utterance expressions

えを見ながら質問を聞いてください。やじるし（➡）の人は何と言いますか。1から3の中から、最もよいものを一つえらんでください。

1 N3-88　1　2　3

2 N3-89 1 2 3

3 N3-90 1 2 3

4 N3-91 1 2 3

聴解

第11週／3日目

第11週 4日目

月　　日

概要理解 Summary comprehension

問題用紙に何もいんさつされていません。この問題は、ぜんたいとしてどんなないようかを聞く問題です。話の前に質問はありません。まず話を聞いてください。それから、質問とせんたくしを聞いて、1から4の中から、最も よいものを一つえらんでください。

1 N3-92 1 2 3 4

2 N3-93 1 2 3 4

3 N3-94 1 2 3 4

発話表現 Utterance expressions

えを見ながら質問を聞いてください。やじるし（➡）の人は何と言いますか。1から3の中から、最もよいものを一つえらんでください。

1 N3-95 1 2 3

2 N3-96　1　2　3

3 N3-97　1　2　3

4 N3-98　1　2　3

第11週 5日目

月　　日

概要理解 Summary comprehension

問題用紙に何もいんさつされていません。この問題は、ぜんたいとしてどんなないようかを聞く問題です。話の前に質問はありません。まず話を聞いてください。それから、質問とせんたくしを聞いて、1から4の中から、最もよいものを一つえらんでください。

1 N3-99 1 2 3 4

2 N3-100 1 2 3 4

3 N3-101 1 2 3 4

発話表現 Utterance expressions

えを見ながら質問を聞いてください。やじるし（➡）の人は何と言いますか。1から3の中から、最もよいものを一つえらんでください。

1 N3-102 1 2 3

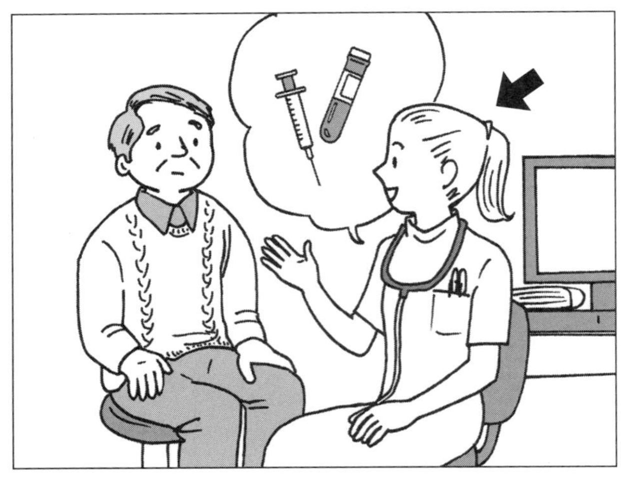

2 N3-103 1 2 3

3 N3-104 1 2 3

4 N3-105 1 2 3

第12週 1日目

月　　日

即時応答 Quick response

問題用紙に何もいんさつされていません。まず文を聞いてください。それから、そのへんじを聞いて、1から3の中から、最もよいものを一つえらんでください。

1 N3-106 1 2 3

2 N3-107 1 2 3

3 N3-108 1 2 3

4 N3-109 1 2 3

5 N3-110 1 2 3

6 N3-111 1 2 3

7 N3-112 1 2 3

8 N3-113 1 2 3

9 N3-114 1 2 3

第12週　2日目

即時応答 Quick response

問題用紙に何もいんさつされていません。まず文を聞いてください。それから、そのへんじを聞いて、1から3の中から、最もよいものを一つえらんでください。

1　N3-115　1　2　3

2　N3-116　1　2　3

3　N3-117　1　2　3

4　N3-118　1　2　3

5　N3-119　1　2　3

6　N3-120　1　2　3

7　N3-121　1　2　3

8　N3-122　1　2　3

9　N3-123　1　2　3

第12週 3日目

月　日

即時応答 Quick response

問題用紙に何もいんさつされていません。まず文を聞いてください。それから、そのへんじを聞いて、1から3の中から、最もよいものを一つえらんでください。

1 N3-124 1 2 3

2 N3-125 1 2 3

3 N3-126 1 2 3

4 N3-127 1 2 3

5 N3-128 1 2 3

6 N3-129 1 2 3

7 N3-130 1 2 3

8 N3-131 1 2 3

9 N3-132 1 2 3

第12週 4日目

月　　日

即時応答 Quick response

問題用紙に何もいんさつされていません。まず文を聞いてください。それから、そのへんじを聞いて、1から3の中から、最も良いものを一つえらんでください。

1 N3-133 1 2 3

2 N3-134 1 2 3

3 N3-135 1 2 3

4 N3-136 1 2 3

5 N3-137 1 2 3

6 N3-138 1 2 3

7 N3-139 1 2 3

8 N3-140 1 2 3

9 N3-141 1 2 3

第12週　5日目

月　　日

即時応答 Quick response

問題用紙(もんだいようし)に何(なに)もいんさつされていません。まず文(ぶん)を聞(き)いてください。それから、そのへんじを聞(き)いて、1から3の中(なか)から、最(もっと)もよいものを一(ひと)つえらんでください。

1　N3-142　1　2　3

2　N3-143　1　2　3

3　N3-144　1　2　3

4　N3-145　1　2　3

5　N3-146　1　2　3

6　N3-147　1　2　3

7　N3-148　1　2　3

8　N3-149　1　2　3

9　N3-150　1　2　3

JLPT

N3

全科目攻略！

日本語能力試験 ベスト 総合問題集

Succeed in all sections!

The Best Complete Workbook for the Japanese-Language Proficiency Test

別冊（べっさつ）

解答一覧 ● Answers

第1週 1日目

漢字読み Kanji reading (p.16)

1 3 2 4 3 1 4 4 5 1 6 2
7 2 8 3

表記 Orthography (p.17)

1 2 2 3 3 2 4 4 5 1 6 2

第1週 2日目

漢字読み Kanji reading (p.18)

1 4 2 2 3 2 4 4 5 3 6 4
7 1 8 1

表記 Orthography (p.19)

1 3 2 1 3 4 4 2 5 2 6 3

第1週 3日目

漢字読み Kanji reading (p.20)

1 2 2 4 3 1 4 4 5 2 6 3
7 2 8 1

表記 Orthography (p.21)

1 2 2 2 3 4 4 1 5 3 6 4

第1週 4日目

漢字読み Kanji reading (p.22)

1 4 2 2 3 2 4 3 5 1 6 3
7 4 8 4

表記 Orthography (p.23)

1 3 2 2 3 4 4 2 5 1 6 3

第1週 5日目

漢字読み Kanji reading (p.24)

1 1 2 3 3 2 4 2 5 4 6 4
7 1 8 3

表記 Orthography (p.25)

1 2 2 4 3 1 4 1 5 3 6 4

第2週 1日目

文脈規定 Contextually-defined expressions (pp.26-27)

1 2 2 3 3 2 4 4 5 1 6 2
7 3 8 2 9 4 10 2 11 4

言い換え類義 Paraphrases (p.27)

1 3 2 2 3 2 4 4 5 3

第2週 2日目

文脈規定 Contextually-defined expressions (pp.28-29)

1 1 2 2 3 4 4 2 5 3 6 4
7 1 8 1 9 2 10 3 11 3

言い換え類義 Paraphrases (p.29)

1 1 2 4 3 1 4 2 5 3

第2週 3日目

文脈規定 Contextually-defined expressions (pp.30-31)

1 2 2 3 3 1 4 4 5 2 6 1
7 4 8 3 9 1 10 2 11 3

言い換え類義 Paraphrases (p.31)

1 1 2 2 3 4 4 4 5 3

第2週 4日目

文脈規定 Contextually-defined expressions (pp.32-33)

1 1 2 3 3 2 4 2 5 4 6 3
7 4 8 1 9 1 10 2 11 4

言い換え類義 Paraphrases (p.33)

1 2 2 1 3 1 4 4 5 3

第2週 5日目

文脈規定 Contextually-defined expressions (pp.34-35)

1 2 2 3 3 1 4 2 5 1 6 3
7 4 8 2 9 4 10 3 11 1

言い換え類義 Paraphrases (p.35)

1 3 2 1 3 2 4 1 5 4

第3週 1日目

用法 Usage (p.36)

1 4 2 2 3 3 4 4 5 1

文の組み立て Sentence composition (p.37)

1 3 2 3 3 4 4 2 5 1

第3週 2日目

用法 Usage (p.38)

1 2 2 4 3 1 4 3 5 1

文の組み立て Sentence composition (p.39)

1 1　2 4　3 3　4 2　5 3

第3週　3日目

用法 Usage (p.40)

1 1　2 4　3 1　4 2　5 3

文の組み立て Sentence composition (p.41)

1 1　2 3　3 4　4 2　5 4

第3週　4日目

用法 Usage (p.42)

1 4　2 1　3 3　4 3　5 1

文の組み立て Sentence composition (p.43)

1 3　2 4　3 4　4 1　5 2

第3週　5日目

用法 Usage (p.44)

1 3　2 2　3 1　4 4　5 3

文の組み立て Sentence composition (p.45)

1 3　2 2　3 4　4 2　5 3

第4週　1日目

文法形式の判断 Selecting grammar form (pp.46-47)

1 2　2 3　3 1　4 3　5 2　6 2
7 1　8 2　9 4　10 2　11 4　12 1
13 2

文章の文法 Text grammar (pp.48-49)

1 4　2 2　3 2　4 3　5 3

第4週　2日目

文法形式の判断 Selecting grammar form (pp.50-51)

1 1　2 4　3 2　4 1　5 3　6 3
7 4　8 2　9 2　10 1　11 1　12 3
13 4

文章の文法 Text grammar (pp.52-53)

1 3　2 4　3 1　4 1　5 2

第4週　3日目

文法形式の判断 Selecting grammar form (pp.54-55)

1 2　2 1　3 4　4 2　5 1　6 3
7 1　8 4　9 3　10 4　11 3　12 3
13 2

文章の文法 Text grammar (pp.56-57)

1 3　2 2　3 4　4 1　5 4

第4週　4日目

文法形式の判断 Selecting grammar form (pp.58-59)

1 4　2 1　3 3　4 2　5 4　6 2
7 4　8 1　9 3　10 3　11 2　12 4
13 1

文章の文法 Text grammar (pp.60-61)

1 1　2 2　3 4　4 1　5 3

第4週　5日目

文法形式の判断 Selecting grammar form (pp.62-63)

1 3　2 4　3 2　4 3　5 2　6 4
7 2　8 3　9 4　10 3　11 2　12 2
13 3

文章の文法 Text grammar (pp.64-65)

1 2　2 3　3 2　4 4　5 4

第5週　1日目

内容理解（短文）
Comprehension (Short passages) (pp.74-77)

(1) 1 2　(2) 1 3　(3) 1 2　(4) 1 3

第5週　2日目

内容理解（短文）
Comprehension (Short passages) (pp.78-81)

(1) 1 3　(2) 1 4　(3) 1 2　(4) 1 2

第5週　3日目

内容理解（短文）
Comprehension (Short passages) (pp.82-85)

(1) 1 4　(2) 1 3　(3) 1 1　(4) 1 4

第5週　4日目

内容理解（短文）
Comprehension (Short passages) (pp.86-89)

(1) 1 4　(2) 1 3　(3) 1 3　(4) 1 3

第5週　5日目

内容理解（短文）
Comprehension (Short passages) (pp.90-93)

(1) 1 2　(2) 1 3　(3) 1 4　(4) 1 4

第6週 1日目

内容理解(中文)
Comprehension (Mid-size passages) (pp.94-97)

(1) 1 2　2 2　3 3

(2) 1 4　2 3　3 2

第6週 2日目

内容理解(中文)
Comprehension (Mid-size passages) (pp.98-101)

(1) 1 2　2 1　3 3

(2) 1 2　2 3　3 4

第6週 3日目

内容理解(中文)
Comprehension (Mid-size passages) (pp.102-105)

(1) 1 3　2 1　3 2

(2) 1 3　2 2　3 4

第6週 4日目

内容理解(中文)
Comprehension (Mid-size passages) (pp.106-109)

(1) 1 2　2 4　3 4

(2) 1 3　2 1　3 3

第6週 5日目

内容理解(中文)
Comprehension (Mid-size passages) (pp.110-113)

(1) 1 1　2 4　3 4

(2) 1 4　2 2　3 1

第7週 1日目

内容理解(長文)
Comprehension (Long passages) (pp.114-115)

1 2　2 3　3 3　4 1

第7週 2日目

内容理解(長文)
Comprehension (Long passages) (pp.116-117)

1 4　2 1　3 3　4 3

第7週 3日目

内容理解(長文)
Comprehension (Long passages) (pp.118-119)

1 1　2 3　3 4　4 2

第7週 4日目

内容理解(長文)
Comprehension (Long passages) (pp.120-121)

1 3　2 1　3 4　4 4

第7週 5日目

内容理解(長文)
Comprehension (Long passages) (pp.122-123)

1 2　2 1　3 3　4 3

第8週 1日目

情報検索 Information retrieval (pp.124-125)

1 3　2 1

第8週 2日目

情報検索 Information retrieval (pp.126-127)

1 2　2 3

第8週 3日目

情報検索 Information retrieval (pp.128-129)

1 4　2 1

第8週 4日目

情報検索 Information retrieval (pp.130-131)

1 2　2 2

第8週 5日目

情報検索 Information retrieval (pp.132-133)

1 4　2 2

第9週 1日目

課題理解 Task-based comprehension (pp.146-147)

1 3　2 3　3 3　4 2　5 1　6 1

第9週 2日目

課題理解 Task-based comprehension (pp.148-149)

1 4　2 1　3 1　4 4　5 2　6 3

第9週 3日目

課題理解 Task-based comprehension (pp.150-151)

1 4　2 1　3 3　4 1　5 3　6 2

第9週 4日目

課題理解 Task-based comprehension (pp.152-153)

1 1　2 1　3 4　4 3　5 4　6 1

第9週 5日目

課題理解 Task-based comprehension (pp.154-155)

1 2 2 3 3 3 4 4 5 1 6 3

第10週 1日目

ポイント理解 Point comprehension (p.156)

1 3 2 2 3 2 4 3 5 4 6 3

第10週 2日目

ポイント理解 Point comprehension (p.157)

1 3 2 3 3 4 4 3 5 2 6 4

第10週 3日目

ポイント理解 Point comprehension (p.158)

1 3 2 1 3 3 4 4 5 1 6 4

第10週 4日目

ポイント理解 Point comprehension (p.159)

1 2 2 2 3 3 4 4 5 2 6 3

第10週 5日目

ポイント理解 Point comprehension (p.160)

1 3 2 3 3 1 4 3 5 2 6 2

第11週 1日目

概要理解 Summary comprehension (p.162)

1 2 2 2 3 4

発話表現 Utterance expressions (pp.162-163)

1 2 2 3 3 2 4 1

第11週 2日目

概要理解 Summary comprehension (p.164)

1 2 2 3 3 1

発話表現 Utterance expressions (pp.164-165)

1 2 2 2 3 1 4 3

第11週 3日目

概要理解 Summary comprehension (p.166)

1 4 2 2 3 3

発話表現 Utterance expressions (pp.166-167)

1 3 2 1 3 2 4 3

第11週 4日目

概要理解 Summary comprehension (p.168)

1 1 2 3 3 2

発話表現 Utterance expressions (pp.168-169)

1 3 2 2 3 3 4 2

第11週 5日目

概要理解 Summary comprehension (p.170)

1 2 2 3 3 4

発話表現 Utterance expressions (pp.170-171)

1 1 2 1 3 3 4 2

第12週 1日目

即時応答 Quick response (p.172)

1 1 2 3 3 2 4 1 5 1 6 2
7 2 8 1 9 2

第12週 2日目

即時応答 Quick response (p.173)

1 2 2 1 3 1 4 3 5 2 6 1
7 3 8 3 9 2

第12週 3日目

即時応答 Quick response (p.174)

1 2 2 1 3 3 4 3 5 1 6 2
7 1 8 3 9 3

第12週 4日目

即時応答 Quick response (p.175)

1 2 2 1 3 2 4 3 5 1 6 2
7 3 8 1 9 3

第12週 5日目

即時応答 Quick response (p.176)

1 2 2 3 3 3 4 2 5 2 6 1
7 3 8 3 9 2

聴解スクリプト ● Scripts

第9週　1日目

課題理解 Task-based comprehension　pp.146-147

1　N3-11　答え　3

電話で息子と母親が話しています。母親はこれから何をしますか。

男：もしもし、お母さん？ 今授業が終わったんだけど、明日までに出さなきゃいけないレポートがあるから、終わらせてから帰ろうかと思ってて、ちょっと遅くなると思う。

女：レポートに使うって言ってた資料、机の上に置いてあったけど、あれなくて大丈夫なの？

男：あれはもうまとめたから必要ないよ。それよりお母さん、小山って覚えてるよね？

女：もちろん。小山くんとはずっと学校が同じじゃない。

男：実はさ、今から小山がテニスのラケットを届けてくれることになったんだけど、僕、間に合いそうにないからかわりに受け取っておいて。ついでに僕の机の上に置いてある漫画も貸してやってほしいんだ。

女：わかった。夕飯はどうするの？

男：どこかで食べて帰るから、大丈夫。

女：そう。わかった。

母親はこれから何をしますか。

2　N3-12　答え　3

本屋で男の人と店員が話しています。男の人は本をいつ買いに来ますか。

男：すみません。この本を探してるんですが。今日が発売日って聞いてるんですけど。

女：ええと、「ベスト総合問題集」ですね。ただいま、お調べいたします。

男：お願いします。

女：お待たせしました。こちらの本は本日が発売日になっておりますが、まだうちには届いていないようなんですよ。早くて今夜、または明日になるかと。

男：明日は水曜日ですよね。うーん、来られるけど、また来てなかったら嫌だな。

女：あさっての夕方以降でしたら、確実にご用意できると思いますが。

男：わかりました。

女：あと、金曜は休みになっておりますので、お気をつけください。

男：はい、ではまた来ます。

男の人は本をいつ買いに来ますか。

3　N3-13　答え　3

学校で女の先生と男の先生が話しています。男の先生はこの後まず何をしますか。

女：小林先生、ちょっと手伝っていただけませんか。

男：はい、何でしょうか。

女：これ、新学期に使う教科書なんですが、各教室に運んでほしいんです。私一人じゃ重くてちょっと……。

男：わかりました。

女：じゃあ、まず私が各クラスの人数分に分けるから、そこのクラスが書いてある箱に入れてもらってもいいですか。

男：はい。そういえば、机が足りない教室があったと思うんですが、運ばなくて大丈夫ですか。

女：それは、もう昨日やったので大丈夫ですよ。

男の先生はこの後まず何をしますか。

4　N3-14　答え　2

区役所で係りの人が話しています。祭りでお店を出したい人はまず何をしなければなりませんか。

女：えー、それでは第25回さくら区民祭りについてご説明いたします。お祭りでお店を出したい方は、あちらの受付に置いてある申し込み用紙に、必要事項をご記入になり、お出しください。お祭りでお店を出すことができるのはさくら区でお店を経営している方、さくら区で働いている方、さくら区に住んでいる方に限りますので、用紙を受け取る時に、受付で何か証明ができるものをお見せください。また、お祭りに参加される方には、定期的に説明会に出ていただくことになります。そして、その時にお祭りへの参加費として一組千円お支払いいただきますので、よろしくお願いします。

祭りでお店を出したい人はまず何をしなければなりませんか。

5 N3-15　答え　1

会社で男の人と女の人が話しています。女の人はこの後まず何をしますか。

男：ガンさん、今、急にドレミ産業の社長がいらっしゃったんだ。部長に用事があるそうなんだけど、今、部長は会議で席を外されていて、あと15分ほどかかりそうなんだよ。社長をお待たせするのは申し訳ないから、その間、社長と話していてもらえるかな。

女：あ、でも今資料を作っていまして……。

男：あ、それ今日の午後の会議で使う資料だね。それも急がなきゃならないね。でもドレミ産業はガンさんが入社した時から、ずっとお世話になっている大事なお客様だよね？　やっぱりガンさんにお願いしたいな。それ、あとどのくらいかかりそう？

女：あと30分くらいあれば終わるかと思います。

男：そっか。じゃあ、それは僕からツタさんに頼んでおくよ。

女：わかりました。お茶やお菓子を準備したほうがいいですよね。

男：それはもう他の人に頼んであるから、すぐ行って。

女：はい。わかりました。

女の人はこの後まず何をしますか。

6 N3-16　答え　1

うちで妻と夫が話しています。夫はこの後まず何をしますか。

女：ねえ、ちょっと悪いんだけど、スーパーでトマトを買ってくるから、この鍋、火が消えないように見ていてくれる？

男：わかった。

女：５分くらいしたら、この塩を入れて。塩は全部入れなくていいから、適当に味をチェックしながら少しずつ入れてよ。

男：え、なんか難しそうだな。

女：それぐらいできるでしょ？　塩を入れて少ししたら最後にバターも入れてね。

男：だんだん自信なくなってきたよ。そういうの苦手なんだよね。

女：じゃあ、私のかわりにスーパーに行ってきてよ。

男：えー？

女：だって、味のチェックは嫌なんでしょ？

男：わかったよ。で、いくつほしいの？

夫はこの後まず何をしますか。

第9週　2日目

課題理解 Task-based comprehension　pp.148-149

1 N3-17　答え　4

うちで夫と妻が話しています。夫はお土産に何を買いますか。

男：来週、仙台に出張だから、ついでに僕たちが学生時代にお世話になった仲村先生たちに会いに学校へ行こうと思っているんだ。

女：わあ、懐かしい。いいなあ。

男：先生たち、お酒が好きだし、お土産にこっちのお酒はどうかなって思っているんだけど。

女：出張のついでなんだから、お酒なんて重いものを持ち歩くのは大変じゃない？　コーヒーもよく飲んでたよ。軽くていいんじゃない？

男：紅茶じゃなかった？

女：コーヒーだよ。事務所でいつもコーヒーの香りがしてたよ。

男：そうなんだ。じゃ、それにする。それと、一緒に食べる甘いものがあったら、嬉しいよね。この間食べたケーキ、あれ、おいしいから、あれにしようかな。

女：駅前のお菓子屋さんのケーキ？ あのケーキは誰かが切って分けなきゃいけないから面倒だよ。クッキーとかすぐ分けられるのにしたら？あの店、クッキーもおいしいよ。

男：そうだね。それにするよ。

夫はお土産に何を買いますか。

2 N3-18　答え　1

日本語学校で係りの人が奨学金について話しています。奨学金に申し込みたい学生はこの後まず何をしますか。

男：今から奨学金の申し込み方法について説明します。先ほど配った奨学金の条件が書かれている案内を見てください。奨学金は５種類あり、国籍や成績などいろいろ条件があるので、まずは自分が条件に合っているかどうか確認してください。そして、申し込みたい奨学金が決まったら、２階の受付に申し込み用紙を取りに来てください。締め切りは奨学金の種類によって違いますから、よく確認して遅れないように出してください。申し込みの時に作文を出さなければならない奨学金もあるので、注意してください。

奨学金に申し込みたい学生はこの後まず何をしますか。

3 N3-19　答え　1

会社で男の上司と部下が話しています。部下はこの後まず何をしますか。

男：木村さん、今日の会議ですが、出席者30名分の机といすの準備をそろそろ始めてください。

女：はい。わかりました。

男：会議で使う資料の印刷は済んでいますか。

女：あの、それが、資料の中にミスがあって、田中さんが今直している最中なんです。でき次第、印刷するそうです。

男：そうか。田中さんと木村さんの二人で会議室の準備をしてもらおうと思ったけど、木村さん一人じゃ大変ですよね。今、手伝いを呼んできますね。先に始めててください。

女：はい。ありがとうございます。

男：あ、あと、席は自由なんですが、３名遅れて来るそうですから、ドア側に近い３席を空けて、先に来た方は奥のほうからご案内してください。

女：わかりました。

部下はこの後まず何をしますか。

4 N3-20　答え　4

会社で女の人と男の人が話しています。男の人はこの後まず何をしますか。

女：コピー機の調子が悪そうだね。

男：うん、コピーすると真ん中に黒い線が写るんだよ。

女：ガラスが汚れているんじゃない？ 拭いてみたら？

男：それはやってみたんだけど、変わらない。修理会社に電話したほうがいいかな。

女：中の部品は？ クリーニング機能のボタンがあったはず。

男：どこ？

女：えーと、どこだったかな。ちょっと探してみるけど、そこに説明書があるから、調べてみてくれる？ 説明書で調べたほうが速いかも。

男：うん。

女：それでだめなら、電話だね。

男の人はこの後まず何をしますか。

5 N3-21　答え　2

居酒屋で女の店長とアルバイトの店員が話しています。アルバイトの店員はこの後何をしますか。

女：トアンさん、今日が初めてだよね。よろしく。店の制服、似合ってるね。

男：ありがとうございます。

女：じゃ、早速だけど混まないうちにお通しの準備をしましょう。

男：お通しって何ですか。

女：お客様が来たら、注文の前に出すちょっとした料理で、日本のほとんどの居酒屋ではこの習慣があるの。注文の品を待つ間、楽しめるでしょう。

男：へえ、最初に運ぶ料理をお通しって言うんですね。

女：この鍋に入っている料理を、少しずつこの小さい皿に分けてくれる？

男：はい。

女：それから、飲み物の作り方も少しずつ教えていくね。

男：お願いします。

女：あ、あのテーブル、お客様が帰ったね。片付けないと。

男：そうですね。先にやってきます。

女：私が行くから、大丈夫。こっちをやって。

男：はい、わかりました。

アルバイトの店員はこの後何をしますか。

6 N3-22　答え　3

日本語学校で男の先生と学生が話しています。学生はこの後何をしますか。

男：カリナさん、この間、夏休みにクラスで何か楽しいイベントがしたいって言ってたけど、何をするか決まった？

女：今、何がいいか、アンケートを取っているんですが、何でもいいけど、思い出になることをしたいって答えばかりで、なかなかいい案がないんです。

男：じゃ、この水族館に行くのはどう？　これ、学校のポストに入ってた広告なんだけど、8月中は入場料が半額って書いてあるから、ちょうどいいと思って。

女：わあ、楽しそうですね。

男：じゃあ、みんなに聞いてみたら？

女：はい、提案してみます。この広告をお借りしてもいいですか。

男：何枚かあるから、あげるよ。どうぞ。

女：ありがとうございます。

男：じゃ、決まり次第教えてね。クラスでの活動は学校に知らせておかなきゃならないから。

女：わかりました。

学生はこの後何をしますか。

第9週　3日目

課題理解 Task-based comprehension　pp.150-151

1 N3-23　答え　4

靴屋で男の店員と客が話しています。男の店員はどの靴を持ってきますか。

男：いらっしゃいませ。

女：あの、そこにある黒い靴をはいてみてもいいですか。

男：ああ、この先が丸い形のものですね。

女：いえ、そっちではなくて先が細くなっているほうを。

男：どうぞ。いかがですか。

女：うーん。丸いほうも試していいですか。

男：はい、どうぞ。もしよろしければ、こちらの白いのもお似合いかと思いますが、いかがですか。

女：ああ、素敵ですね。先が細いほうも、この色があったら見せていただけますか。

男：そちらは人気の商品で売り切れていたのですが、本日入ってくる予定なので、もう届いているかもしれません。店の奥を探してまいります。少々お待ちください。

女：お願いします。

男の店員はどの靴を持ってきますか。

2 N3-24　答え　1

女の人と男の人が話しています。男の人はこの後何をしますか。

女：タケルくん、パンケーキできたよ。バナナを載せるんだっけ？　よし、次は私のを焼こう。イチゴのパンケーキにしたいな。イチゴを冷蔵庫から出してくれる？

男：オッケー、はい。

女：ありがとう。

男：ところでバターはもうないのかな？　冷蔵庫にはなかったけど。

女：えー、ないの!?　ちょっとそこのコンビニで買ってくる！

男：僕はバターがなくてもかまわないよ。チョコレートがあるから。

女：私はパンケーキには絶対バターがほしいの。じゃあ、タケルくん、先に食べてていいよ。バナナはもう切ってあるから、自分でパンケーキに載せてね。

男：わかった。

男の人はこの後何をしますか。

3 N3-25　答え　3

ラジオで男の人が話しています。プレゼントがほしい人は何をしますか。

男：本日は県立美術館で開催している「猫の芸術展」をご紹介してまいりました。チケットは予約が必要です。全国のコンビニエンスストアでご予約いただけます。ご予約方法について、詳しくは県立美術館のホームページをご覧ください。また、本日この番組を聞いてくださっている方の中から３名様に「猫の芸術展」の絵が入ったタオルをプレゼントいたします。ご希望の方は番組のホームページから申し込んでください。県立美術館のお土産屋さんでも、売り切れの日があるほどの人気商品です。お申し込み、お待ちしております。

プレゼントがほしい人は何をしますか。

4 N3-26　答え　1

レストランで男の店員と女の店員が話しています。女の店員はこの後何をしますか。

男：お客さん帰られたね。じゃあ上村さん、ここの食器の片付けをお願いしてもいい？ 僕がテーブルの位置、午後からのパーティー用に直すから。

女：はい、わかりました。あれ？ あ、これさっきのお客さんの忘れ物。

男：あ、本当だ。今追いかければまだ間に合うかもしれない。上村さん、悪いけど急いで届けてくれない？

女：いいですけど、どんな方が座ってらっしゃいましたか。先輩、覚えてますか。

男：ほら、スーツを着た男性だよ。40歳くらいの。

女：えーと、ピンクのスカートをはいた女性とご一緒だった方ですか。

男：違う違う。ほら、男性３人でいらっしゃってた。

女：ええと……。

男：ああ、説明してる時間がもったいないから僕行ってくるよ。上村さんはさっき頼んだことが終わったら、この部屋の床の掃除をしてて。

女：はい、わかりました。

女の店員はこの後何をしますか。

5 N3-27　答え　3

うちで母親と息子が話しています。息子はこれから何をしますか。

女：おかえり。あら、顔色悪いけど、どうしたの？

男：うーん、風邪をひいたみたいで……。

女：もう。寒くなるから、暖かくして行きなさいって言ったのに、上着を着ないで出かけるからでしょう？

男：わかってるって。

女：夜も遅くまで起きてるから、風邪をひきやすくなっちゃったんだよ。今日は宿題終わったらテレビなんか見てないで早く寝なさい。

男：宿題はないよ。それよりおなかすいた。

女：食欲はあるんだね。それならきっと早くよくなるよ。今、晩ご飯作ってるから、その間にシャワーを浴びちゃいなさい。

男：うん。風邪薬、うちにある？

女：あるよ。食事の後に飲む薬だから、忘れないようにテーブルの上に置いておくね。

男：わかった。ありがとう。

息子はこれから何をしますか。

6 N3-28　答え　2

会社で女の人と男の先輩が話しています。女の人はこの後まず何をしますか。

女：先輩、この前カメラマンに撮ってもらった新しい商品の写真、届きました。ホームページに載せるのを何枚か選んだので、見ていただけますか。

男：どれどれ……。こんなに載せるの？ 載せられるのは３枚だけじゃなかったかな。

女：そうなんですが、決めきれなかったんです。先輩のご意見も聞きたいと思って、ちょっと多く選びました。

男：ああ、オッケー。うーん、ああ、確かにこれとこれはいいね。商品の特徴がよくわかって。３枚目は、これか、これかな。僕はどっちでもいいと思うから、チームの人たちに聞いてみて。

女：わかりました。

男：あとは、ちょっと写真が暗いから、写真が決まった後で、カメラマンに電話をして、明るく直してもらえるようにお願いしてよ。

女：はい、わかりました。

女の人はこの後まず何をしますか。

第９週　４日目

課題理解 Task-based comprehension　pp.152-153

1　N3-29　答え　1

うちで男の人と女の人が話しています。女の人はこの後まずどこを掃除しますか。

男：よし、準備はできたね。お正月が来る前に部屋をきれいにしなくちゃ。じゃあ僕は窓を拭くよ。メイちゃんは、テレビの上とかたんすの上とか拭いてくれる？　それで、床は最後に一緒に掃除しよう。

女：たんすといえば、中にもう着なくなった服がいっぱいあるから、少し捨てないと。

男：捨てるなら明日までだよ。ごみを持っていってもらえるのは、今年は明日が最後だから。じゃあ、そっちを先にやってくれる？

女：捨てるって、このたんすの中の服はレンくんのだよ。私には決められないよ。

男：あ、こっちのたんすね。じゃあ、僕がそれをやるから、その間にメイちゃん、僕のかわりにこっちやってくれる？　はい、これ使って。

女：オッケー。じゃあ、さっそく始めよう。

女の人はこの後まずどこを掃除しますか。

2　N3-30　答え　1

うちで夫と妻が話しています。夫はこの後まず何をしますか。

男：何してるの？

女：明日、市民センターでやる子ども会で配るお菓子を準備してるの。

男：手伝おうか？

女：助かる。ありがとう。参加する子どもは20人だから、今ここに出したお菓子を１種類ずつ袋に入れて、20人分を作ってくれる？

男：わかった。20セットだね。

女：うん。私は明日やるゲームの準備しちゃうね。

男：玄関に置いてあったジュースの箱も明日用？

女：そう。これから山田さんが車で取りに来るの。山田さん、お皿とかコップとか準備していて、今日のうちに市民センターに運ぶっていうから、ジュースとお菓子とゲームも一緒に運んでもらうことにしたんだ。

男：じゃあ、急がないと。

女：うん。家の前に着いたら、電話くれるっていうから、そしたら車まで運んでくれる？

男：わかった。

夫はこの後まず何をしますか。

3　N3-31　答え　4

会社で男の社員と先輩が話しています。男の社員はこの後まず何をしますか。

男：伊藤さん、コピー用紙がこの１箱で終わるので、新しいのを注文したいんですが、どうしたらいいですか。

女：えーと、注文依頼書というファイルがあるから、それに何がいくつほしいか入力して管理部にメールすると、まとめて注文してくれますよ。今私のパソコンで見せますね。えーと、これです。

男：そこに入力するんですね。わかりました。

女：急ぐなら、すぐに部長に許可をもらえば自分で直接注文できるけど、１箱あれば１週間は大丈夫そうですね。

男：はい。

女：コピー用紙は、今私が入力しておくので、佐々木さんは、他になくなりそうな文房具がないか、カウンターの下の棚をチェックして、あったら、教えてください。

男：わかりました。

男の社員はこの後まず何をしますか。

4 N3-32　答え　3

学校で先生が明日のバス旅行について話しています。リーダーは何時までに学校に行かなければなりませんか。

男：えー、明日の富士山バス旅行ですが、集合時間は朝7時です。いつもより1時間も早いので、遅刻しないように。先生たちは6時半から学校にいます。その前に来ても学校には入れませんから気をつけてください。また、グループのリーダーには渡したいものがありますから、集合時間の15分前に来てください。リーダーがメンバーの出席をとって全員揃ったグループからバスに乗ることができます。バスは7時半に出発して途中サービスエリアでトイレ休憩をして……。

リーダーは何時までに学校に行かなければなりませんか。

5 N3-33　答え　4

学校で男の学生と先生が話しています。男の学生はこの後何をしますか。

男：福島先生、これ昨日お借りした学校の本です。ありがとうございました。

女：あっ、そうだった。ニンさんに貸したんだった。私、昨日ニンさんに貸したことすっかり忘れてたよ。それに、学校の本を借りる時はこのノートにサインしてもらうことになってるけど、私、それも忘れてたね。今朝、木村先生がその本探してたんだ。

男：あ、じゃあ今から私が木村先生に届けましょうか。

女：それは大丈夫。木村先生は、今日はもう帰られたから、明日私から渡しておくよ。

男：そうですか。じゃあ、もう1日お借りしてもよろしいでしょうか。もう一度読みたいところがあるんです。

女：明日の朝、授業の前に返してくれれば問題ないですよ。

男：わかりました。

女：じゃ、ここにサイン、よろしくね。

男：はい。

男の学生はこの後何をしますか。

6 N3-34　答え　1

スーパーで男の店長と店員が話しています。店員はこの後まず何をしますか。

男：竹崎さん、ちょっと悪いんだけど、このカレー棚に並べるのを手伝ってくれる？

女：はい、でもさっき頼まれたここの片付けがまだ終わっていないので、先にしてしまってもいいですか。

男：うーん、こっちを先にやってほしいな。このカレーは人気がある商品だし、そこはお客様は通らない場所だから急ぐ必要はないよ。あとで僕も手伝うから。

女：はい、わかりました。そういえば、確か事務所にそのカレーのポスターが置いてあったと思うんですが、よく見えるところに貼ったほうがいいですよね。

男：さすが、竹崎さんよく見てるね。でも、それはさっき榎本さんに頼んだから大丈夫だよ。今日は早く終わらせて、お茶でも飲もうよ。

女：はい、わかりました。

店員はこの後まず何をしますか。

第9週　5日目

課題理解 Task-based comprehension　pp.154-155

1 N3-35　答え　2

電話で夫と妻が話しています。夫はこの後まず何をしますか。

女：もしもし、今会社を出たところなんだけど。

男：仕事、早く終わったんだね。僕はちょうど洗洗濯物を畳み終わったところだよ。

女：そうなんだ。今晩何か食べたいものがある？

男：そうだな、昼は肉を食べたから、魚がいいなと思っていたんだけど。

女：それなら、冷凍庫に入っているから、出しといて。家に着いたら、すぐ料理できるように。

男：わかった。

女：あと、今朝頼んでいた太郎の保育園のお迎えなんだけど。

男：うん、そろそろ行こうと思ってる。

女：それは、私が行けそうだから、大丈夫。ついでに玄関の電気が切れてたから、電球を買って帰るけど、あとで取り換えてくれる？

男：オッケー。じゃ、気をつけて。

夫はこの後まず何をしますか。

2 N3-36　答え　3

電話でクリーニング屋の店員と女の客が話しています。女の客は来週何曜日にコートを取りに行きますか。

男：もしもし、「まっしろクリーニング」ですが、丹野様のお電話でしょうか。

女：はい。あっ、コートを出していましたよね。すみません、忘れてました。

男：そうだったんですね。お預かりしてから、まもなく1か月となるので、お早めに取りに来ていただきたいのですが。

女：そうですよね。すみません、実は今出張中で。来週火曜日には戻るので、すぐ伺います。火曜日は何時までですか。

男：7時までなので、その前にお越しください。

女：そうなんですね。それだと間に合わないので、次の日に行きます。

男：すみません、水曜日は定休日でして……。

女：じゃ、その次の日に伺います。

男：かしこまりました。1か月を過ぎるとお預かりの料金がかかりますのでご注意ください。丹野様のコートの場合は来週金曜日からです。

女：わかりました。その前に必ず行きます。

女の客は来週何曜日にコートを取りに行きますか。

3 N3-37　答え　3

会社で女の先輩と男の人が話しています。男の人はこの後まず何をしますか。

女：小野さん、来週の説明会の準備はどう？

男：資料の準備は終わりました。セットにして箱に入れてあります。でも、ちょっと困ったことになっているんです。最初に部長からご挨拶していただくことになっていたのですが、急な出張が入って、いらっしゃれなくなってしまって。かわりの人を探しているのですが。

女：それは困ったね。課長にはもう聞いたの？

男：かわりをしていただけないかメールで伺っています。でも、お忙しいみたいでお返事いただけなくて。

女：そういう急ぎのお願いは直接聞きに行ったほうがいいよ。

男：確かにそうですね。すぐ行ってみます。

女：あ、今は、課長は会議中のはずだよ。じゃあ、今回は私から聞いておくから、説明会の予定表を私にメールで送ってくれる？

男：はい、ありがとうございます。助かります。

女：それから、その後でかまわないから、説明会の資料を1セット私の机に置いておいて。

男：はい、わかりました。

男の人はこの後まず何をしますか。

4 N3-38　答え　4

大学で男の学生と女の学生が話しています。女の学生はこの後まず何をしますか。

男：及川さん、今度のグループ発表のことなんだけど。

女：あ、みんなに配るレポートのことだよね。私が書く部分、書き終わったから水谷くんにメールで送ったよ。遅くなってごめん。

男：大丈夫だよ。まだみんなの集まってないし。及川さんが送ってくれたの、見たよ。ちょっと長かったから、短くしたものを作ってみたんだけど、見てくれない？ メールしたから。

女：うん、わかった。まだ私以外誰も出してないの？

聴解スクリプト ● Scripts　第9週／5日目

男：うん。及川さんって北野さんと同じクラブだったっけ？ 彼女にも早く出すよう言ってくれないかな。

女：ああ、北野さんね。今週体調崩しててクラブにも来てなかったんだけど、レポート書き終わってるか、メールして聞いてみる。

男：そうだったんだ。じゃあ、あまり無理させたら悪いから、出せとは言わないで、一人で終わらせられそうか聞いてみてよ。手伝いが必要なら早く始めたいし、すぐ聞いてくれる？ さっき言ったのは、みんなのレポートが集まってからでも問題ないから。

女：うん、わかった。

女の学生はこの後まず何をしますか。

5 N3-39 答え 1

うちで妻と夫が話しています。夫は何を注文しますか。

女：ケンジくん、今度お兄さんたちが遊びに来るよね。お寿司の注文した？

男：まだだよ。あさっての夕方くらいに６人分だったよね。すぐ電話するよ。

女：ちょっと待って。６人のうち２人は子どもだから、子ども用のお寿司がいいかもしれない。

男：見て。メニュー表に子ども用のお寿司の写真が出てるよ。

女：あ、かわいい入れ物に入ってるんだね。うーん、でもこれだと魚の種類が少ないから、やっぱり大人用のお寿司にしよう。

男：じゃあ、大人用５人分頼んで、子ども２人は大人用１つを分けてもらう？

女：うーん、けんかになっても嫌だし、普通に頼もうよ。食べ切れなかったら大人が食べればいいし。ケンジくんもお兄さんもお寿司１人分じゃ足りないだろうから、ちょうどいいんじゃない？

男：ははは、そうだね。じゃあ、それで注文するよ。

夫は何を注文しますか。

6 N3-40 答え 3

息子が母親からの留守番電話のメッセージを聞いています。息子はこの後まず何をしなければなりませんか。

女：もしもし、ヒロ？ お母さんだけど、来週の日曜日、おばあちゃんの誕生日でしょ？ ヒロもいろいろ忙しいとは思うけど、こっちに帰ってこられないかな？ おばあちゃん、ヒロが一人で東京で暮らしてるのを本当に心配しているから、顔を見せてあげてほしいの。もし来られるなら、白井デパートのクッキー買ってきてね。あれ、おばあちゃん好きだから。このメッセージを聞いたら、ちゃんと連絡してよ。来るか来ないかわからないと困るから。お母さんは今夜、お父さんとカラオケ教室に行くから夜はいないけど、おばあちゃんは家にいるから、よろしくね。

息子はこの後まず何をしなければなりませんか。

第10週 1日目

ポイント理解 Point comprehension p.156

1 N3-41 答え 3

会社で女の人と男の先輩が話しています。男の先輩はタバコをやめて何が一番よかったと言っていますか。

女：あれ？ ロンさん、今日はタバコ吸ってませんが、やめたんですか。

男：あっ、気がついた？ 今日でやめてからちょうど３か月になるんだ。娘が生まれたから、やめるのにいい機会かと思ってね。

女：私の夫も前はタバコを吸っていましたが、タバコをやめてからご飯がおいしくなったって言ってますよ。

男：そうなんだよ。それにタバコ代もかからないし、自由になれたし、本当によかったよ。

女：自由、ですか？

男：そう、気持ちが。タバコを吸っていたころは、どこに行ってもタバコが吸える場所を探したり、タバコが吸えないとリラックスできなかったりしたんだよね。今はそんなことないから、本当に楽なんだよ。何よりもそれが、タバコをやめてよかったことかな。最近は体調までよくなってきたんだよ。

男の先輩はタバコをやめて何が一番よかったと言っていますか。

2 N3-42　答え　2

うちで妻と夫が話しています。夫は何のために部屋を片付けましたか。

女：あれ？　部屋、きれいになってるじゃない？どうしたの？

男：ははは。そんなに僕が部屋を片付けるのは珍しいかな？

女：誰か来るの？

男：弟の隆が来るよ。

女：それで、慌てて片付けたんだ？

男：ってわけじゃないんだよ。探し物をしていたらこうなったというか……。隆に、兄弟で遊んでいる子どものころの写真を貸してくれって言われてさ。

女：写真？

男：隆、結婚することになったんだよ。それで、結婚式でみんなに見せるムービーに写真を使いたいって言われてさ。でも、どこにあるかわからなかったから部屋中を片付けながら探してたんだよ。

女：へー。隆くんもついに結婚か。あー、それにしても片付いてる部屋って気持ちがいいね。せっかくだからここに植木でも置かない？

男：ああ、それはいいね。

夫は何のために部屋を片付けましたか。

3 N3-43　答え　2

留守番電話のメッセージを聞いています。女の人はどうして遅れると言っていますか。

女：秋山です。今、タクシーでそっちに向かってるところなんだけど、ちょっと遅れそう。事故か工事かよくわからないんだけど、道が混んでて、全然進まないんだ。歩ける距離じゃないから降りても意味がないし、本当にごめん。こんなことなら自転車にすればよかったな。そのレストラン、次のお客さんの予約もあるだろうから、みんな集まったら遠慮しないで先に食べ始めてて。じゃ、後でね。

女の人はどうして遅れると言っていますか。

4 N3-44　答え　3

会社で男の人と女の人が話しています。男の人はどうやって料理を覚えることにしましたか。

男：あ！　中野さんのお弁当すごいですね。

女：あ、これですか。キャラ弁っていうんです。食べ物を動物やアニメのキャラクラーの形にしてるんですよ。町田さん、料理に興味があるんですか。

男：ええ、まあ。実は僕も自分でお弁当を作ってるんですけど、簡単なのしか作れないから、もっといろいろ作れるようになりたいんですよね。中野さんは、キャラ弁の作り方を誰かに教えてもらったんですか。

女：いいえ。うちの娘は好き嫌いが多くて野菜を全然食べなくて。それで、試しにかわいい形に切ってみたら食べてくれたんですよ。それから、いろいろ形を変えて作っているうちに自然といろいろできるようになってきて。

男：そうなんですか。いつか僕もキャラ弁に挑戦してみたいんですけど、まずは基礎から覚えたほうがよさそうだから、料理教室にでも通ってみようかな。

女：料理教室はレベルに合わせて教えてくれるって聞きますから、町田さんに合うクラスもあると思いますよ。でも、最近はインターネットでも丁寧に教えてくれるサイトもありますから、まずはインターネットで見てみたらどうですか。

男：そうですね。それなら時間がある時にできますし。そうしようかな。

女：おすすめのサイトがあるので、あとでメールで送っておきますね。

男：助かります。

男の人はどうやって料理を覚えることにしましたか。

5 N3-45 答え 4

コンビニで店長と男の店員が話しています。男の店員は今何が大変だと言っていますか。

女：坂本さん、仕事は慣れましたか。

男：ええ、まあ。夜は時々酔っ払ったお客様がいらっしゃって、大きな声を出したりするので、最初は怖かったです。今はもう慣れましたけど。

女：危ないと思ったらすぐに逃げてくださいね。

男：はい。それと、タバコの名前を覚えるのも苦労しました。だんだん覚えてきてだいぶ楽になりましたけどね。

女：そうですか。

男：あとは、時々一人で仕事をすることがあるのですが、そんな時にお客様が多いとトイレに行きたくても行けないので、困っちゃいますね。

女：これでも、できるだけ一人にならないようにシフトを組んでいるつもりなんですけどね、ごめんなさい。

男：いえ。でもそれ以外、特に大変だと思うことはありませんから。

女：そう。じゃあ、これからもよろしくお願いします。

男の店員は今何が大変だと言っていますか。

6 N3-46 答え 3

学校で男の学生と女の学生が文化祭について話しています。二人はこれからまず何をしますか。

男：小松さん、文化祭の進行表、もう見た？

女：うん。でも、まだしっかりチェックはしてないけど。

男：ちょっと見直してもいいのかなって思うところがいくつかあってね。

女：どこ？

男：例えば、このダンス部の発表なんだけど開会式の直後になってるでしょ。この早い時間じゃお客さんも少ないんじゃないかなって思って、去年の進行表を見直してみたんだ。そしたら、去年も開会式の直後にダンス部の発表をしてたんだ。

女：じゃあ、このままでいいんじゃない？

男：でも、反省会でダンス部の発表は人が集まる昼過ぎにすればよかったって意見が出ているんだよ。ほら、これ、去年の反省会の記録。ここに書いてあるでしょ？

女：本当だ。あっ、ダンス部ならまだ練習しているはずだよ。どっちがいいか聞きに行こうよ。

男：そうだね。

女：あ、でも、まずは先生に聞いてみないとね。

男：そうだね。それに、もし時間を変えることになったら、開会式の後に何をするかを考えなきゃ。

二人はこれからまず何をしますか。

第10週 2日目

ポイント理解 Point comprehension p.157

1 N3-47 答え 3

ラジオで女の人が話しています。明日の東京の天気はどうなりますか。

女：こんばんは、天気予報をお伝えします。今日は、一日中弱い雨が降り、梅雨らしい天気となりましたね。では、明日の東京の天気を見ていきましょう。明日は、梅雨を感じられないほどよく晴れ、気温も上がるでしょう。予想最高気温は30度ですが、北からの風が吹くので、それほど暑く感じないでしょう。ただ午後3時ごろから南風に変わり、ところによっては急な雨が降るかもしれません。午後のお出かけには傘があるといいでしょう。

明日の東京の天気はどうなりますか。

2 N3-48 答え 3

日本語学校で男の留学生と女の留学生が話しています。男の留学生はどうして大学の国際交流会に入りたいと思いましたか。

男：チンさん、最近よく先生に会話が上手になったってほめられているよね。何かしているの？

女：特に勉強はしていないけど、近くの大学の国際交流会に参加しているおかげかな。

男：え、何それ？

女：前に会話の練習をしたいって先生に相談した時、紹介してもらったの。

男：どんな勉強をするの？

女：勉強というより、遊びに近いよ。日本人の学生から日本のゲームや料理を教えてもらったり、反対に私の国のことを紹介したりするの。日本語で聞いたり、話したりして、それでうまくなったのかも。

男：それ、いいね。面白そう。勉強って感じがしないのに、会話が練習できるなんて。僕も入ってみたいな。

女：誰でもいつでも入れるから、今週一緒に行ってみる？ 今週は私の国の料理を持っていって紹介するの。

男：やった。チンさんの料理も食べられるんだね。

男の留学生はどうして大学の国際交流会に入りたいと思いましたか。

3 ♪ **N3-49** 答え 4

大学で女の学生と男の学生が話しています。女の学生はどうして食事会に行けないと言っていますか。

女：鈴木くん、今週の土曜日の食事会のことなんだけど、キャンセルさせてもらえないかな。

男：アルバイトの日と重なったから変えてもらうって言ってたけど、無理だった？

女：ううん。実は母が入院していて……。

男：えっ。そうだったんだ。それで、お母さんのお見舞いに行くってわけだね。

女：そうじゃなくて、手術は無事に終わって、明日退院できそうなんだ。

男：そうなんだ。よかったね。

女：退院の手続きには父が行くんだけど、まだ家で休まないといけないから、私はゆっくりできるように家の片付けとか、食事の用意とかしようと思って。

男：わかった。お母さんに「お大事に」って伝えてね。

女：ありがとう。

女の学生はどうして食事会に行けないと言っていますか。

4 ♪ **N3-50** 答え 3

会社で男の人と女の人が話しています。女の人は新入社員にどのような点を直してほしいと言っていますか。

男：おはよう。そういえば高野さんは新入社員の指導をしているんだよね？ 今年の新入社員はどう？

女：うん、話もよく聞いてメモするし真面目だよ。初めはお客様との電話で敬語を使うのが大変そうだったけど、慣れてきたみたい。

男：優秀だな。僕たちは覚えが悪いって注意されたよね。

女：そうだね。懐かしいね。

男：じゃ、何も問題はなしなんだ？

女：うーん、話をよく聞くのはいいんだけどね。なかなか自分の意見を言わないんだ。

男：例えば？

女：毎週チームでミーティングがあるんだけど、ほとんど何も話さないんだ。緊張して自分からは意見を言いにくいのかと思って、積極的に私から話しかけるようにしてるんだけど、「はい」とか「わかりました」しか答えなくて。

男：あー、僕も昔は部長に「会議では意見を言わないと、参加している意味がないよ」って言われたなあ。まあ僕の場合、反対に仕事中のおしゃべりは多いって、よく注意されたっけ。

女：ははは、そうだったね。まあ、今年の人たちについては、そういう点がこれから直していってほしいところかな。

女の人は新入社員にどのような点を直してほしいと言っていますか。

5 ♪ **N3-51** 答え 2

図書館で女の学生と男の学生が話しています。男の学生は何のために図書館に来ましたか。

女：あ、マイケルさん。今日は、本を借りに？

男：ううん、試験勉強。うちの前の道路工事がうるさくて集中できないから来たんだ。今、休憩しようと思って本を見てたら、面白そうな本を見つけたんだよ。帰りに借りるつもり。

女：そうなんだ。

男：田代さんは、なんでいるの？ たくさん本を持っているけど。

女：あ、これね。今ここで実習しているの。図書館員の仕事について勉強させてもらってるんだ。ちょうど利用者が返した本を本棚に戻しているところ。

男：そうなんだ。将来、図書館に就職するつもりなの？

女：うん。前からそう思っていたんだけど、この実習を通して、やっぱり絶対図書館で働きたいって思ったんだ。

男：へえ、それはよかったね。

男の学生は何のために図書館に来ましたか。

6 N3-52　答え　4

レストランのレジで店員と女の客が話しています。女の客はいくら払いましたか。

男：ありがとうございます。AランチとBランチで2500円でございます。

女：えーと、割引券が２枚あるんですが、使えますか。

男：少々お待ちください。この10%引きの券は使えますが、こちらの20%引きのほうは来月からのものなので、こちらは来月ご利用ください。

女：わかりました。

男：では、10%お引きしまして、2250円となります。

女：あ、これ、お店のポイントカード、何ポイントか入っているはずなんですが、使えますか。

男：お調べします。50ポイントで50円分使えますが、全部お使いになりますか。

女：はい、お願いします。

男：それでは金額が変わりまして2200円となります。

女：えーと、じゃ、これで。

男：それでは3000円お預かりいたします。こちら、おつりとレシートでございます。ありがとうございました。

女の客はいくら払いましたか。

第10週　3日目

ポイント理解 Point comprehension　p.158

1 N3-53　答え　3

本屋で男の人と女の人が話しています。女の人は昔どんな雑誌を読んでいたと言っていますか。

男：ねえ見て、この雑誌。表紙の写真、あの有名な野球選手だよ。スポーツの雑誌ならわかるけど、経済についての雑誌にも出るんだね。買ってみようかなあ。

女：ははは。表紙の写真だけで雑誌を選ぶの？ ちゃんと内容も確認してから買わないと、損しちゃうよ。私も昔は、好きな俳優の写真が出ているテレビ雑誌とかをよく買ってたけど、読んでも内容がつまらなくて。最近ではファッション雑誌をよく読んでるかなあ。

男：確かに、同じくらいのお金を払うなら、こっちのマンガ雑誌のほうが面白そう。こういうの、昔はよく読んでたんだ。ああ、でも野球選手の出てるほうも気になるし、両方買っちゃおうかな。

女の人は昔どんな雑誌を読んでいたと言っていますか。

2 N3-54　答え　1

庭で女の人と男の人が話しています。夏の初めに咲く花はどこにありますか。

女：わあ、広くて素敵なお庭！ 入口の横の赤いツバキがきれいですね。

男：ありがとうございます。今は冬だからツバキくらいしか咲いていないけれど、春になったらサクラが咲きます。どんな季節にも楽しめるようにいろいろ植えているんですよ。

女：壁の前に植えられているのはアジサイですか。

男：はい。夏の初め、梅雨の時期にきれいな花が咲きます。そして一番暑い時期には、あそこのベンチの後ろにヒマワリが咲くんです。

女：秋はやっぱりモミジですか。今は葉はほとんどありませんけど、池の横にあるのはそうですよね。

男：ええ、水に映る真っ赤なモミジは大変美しいです。

女：ああ、素敵ですね。またお邪魔したいです。

男：春になったら、ぜひいらっしゃってください。サクラがちょうど窓の近くにあるから、家の中からでもお花見ができますよ。

夏の初めに咲く花はどこにありますか。

3　N3-55　答え　3

大学で男の学生と女の学生が話しています。二人は昔、どの国の試合を一緒に見に行きましたか。

男：ねえ、週末、サッカーの試合見に、スポーツカフェに行かない？

女：えー、いいね！ 日本と、どこが試合するの？ 私、日本と韓国の試合が見たいな。

男：ああ、週末は日本の試合はないよ。今週末はドイツとフランス。どっちのチームも強いし、有名な選手がいるから、結構みんなが注目してるんだ。

女：へえ！ 楽しそう。ねえ、週末に行くスポーツカフェって前にも一緒に行ったところ？

男：そうそう。日本とスペインの試合見たところだよ。あの時は負けちゃったけど楽しかったね。

女：うん！ でもさ、行くならあそこのカフェじゃなくて、駅前のに行かない？ この前、アキちゃんたちに誘われてブラジルとイタリアの試合を見に行ったんだけど、お酒もおいしかったし、テレビも見やすかったよ。

男：あ、そう？ じゃあそっちにしてみようか。

二人は昔、どの国の試合を一緒に見に行きましたか。

4　N3-56　答え　4

女の人と男の人が話しています。女の人は自分はどんな子どもだったと言っていますか。

女：ねえ、ショウくんって、どんな子どもだったの？

男：うーん、そうだなあ。僕は結構おとなしい子どもだったかなあ。友達はそんなに多くなくて、休み時間も本ばかり読んでいるようなな。

女：ええ！ 想像できない！ 今ではみんなの中心にいるようなイメージなのに。

男：はは、そうかな。エミちゃんはどうだった？ きっと、スポーツが大好きな子だったんだろうな。だって、水泳を10年以上続けてたんでしょ。

女：うーん、水泳をしていたことはしていたけど、他のスポーツは苦手だったんだ。学校の体育の授業も嫌いでね。体育のある日なんかは「休みたい」と言って泣いては、母を困らせてたな。本当によく泣く子どもだったよ。

男：へえ！ そうだったんだ。成長すると人って変わるものだね！

女の人は自分はどんな子どもだったと言っていますか。

5　N3-57　答え　1

日本語学校で先生が話しています。明日までの宿題は何ですか。

女：じゃあ、宿題を言いますね。まず、漢字の問題集。これは25ページから30ページまでです。明日、答えをチェックしますから、ちゃんとやってきてくださいね。それから、今日作文が書き終わらなかった人は、来週の木曜日の朝9時までに、私に提出してください。それと、昨日までに出すはずだった文法のプリントを忘れた人は、この後、残ってやってもらいます。明日のテストではこのプリントの問題からも出ますから、やらないと困りますよ。そうそう、これは宿題ではありませんが、今日返したテストの見直しも、明日までにやっておいてください。もう同じ間違いをしないように、よく勉強しましょう。じゃあ、授業を終わります。

明日までの宿題は何ですか。

6 N3-58　答え　4

会社で男の人と女の人が話しています。女の人はどうしてホテルのレストランを勧めましたか。

男：ねえ、今度アメリカからいらっしゃるウィルソン社長と行くお店だけど、どこがいいかな。いつもみんなで行ってる日本酒がおいしいお店か、駅前の焼き肉屋さんか……。

女：どっちもいいお店だけど、社長、お肉は食べないっておっしゃってた気がするよ。だから焼き肉はやめたほうがいいかもしれない。あと、日本酒は嫌いな方もいるから、最初のお店でどんなお酒が好きか伺って、もし日本酒に興味がありそうなら、二軒目にお連れしたら？

男：そっか。じゃあ、お寿司は？ やっぱり日本に来たら召し上がりたいんじゃないかなあ。

女：魚もお好きかどうかわからないし、最初は社長のお泊まりになるホテルのレストランにしたら？ そこならどんなものでも用意できると思うよ。

男：それもそうだね。あそこのホテルの料理は何でもおいしいって評判だしね。

女の人はどうしてホテルのレストランを勧めましたか。

第10週　4日目

ポイント理解 Point comprehension

p.159

1 N3-59　答え　2

学校で先生が学生に話しています。鉛筆と消しゴム以外に机の上に置くものは何ですか。

男：これから期末テストを始めます。まず机の上の物を片付けて、鉛筆と消しゴムを出してください。時計は教室の前に置きますから、腕時計などもかばんに入れておいてください。携帯電話はオフにして、机の右上に置いてください。もし電話やメールの音が鳴ったら、0点になるので、完全にオフにすることを忘れないでください。昨日の作文のテストでは辞書の使用を認めましたが、今日は使ってはいけません。また、飲み物などもしまってください。では、これから問題用紙を配ります。

鉛筆と消しゴム以外に机の上に置くものは何ですか。

2 N3-60　答え　2

会社で男の人と女の人が話しています。女の人が夏の山に行きたくない理由は何ですか。

男：夏休みに、夫婦で旅行しようと思っているんですが、行き先が決まらなくて困っているんです。妻は山登りがいいって言うんですが、私は絶対海で泳ぎたいって言って、昨日もちょっとけんかになって。

女：どうしてそんなに海がいいんですか。

男：私は海の近くで育ったんですよ。だから、泳ぎが得意で、海の食べ物も大好きなんです。でも、妻は日に焼けると、肌が痛くなるから嫌だって。

女：へえ、そうなんですね。

男：それに、私は山登りは疲れるから嫌なんですよ。

女：そうですか。山は虫も多いし、私は刺されるとすごく腫れるから、夏に山に行くのは嫌だな。あ、でも冬の山なら好きですよ。実は北国出身で、スキーが得意なんです。寒いのは苦手なんですけどね。

女の人が夏の山に行きたくない理由は何ですか。

3 N3-61　答え　3

学校で男の学生と女の学生が話しています。女の学生は何のために英語の勉強を始めましたか。

男：あれ、藤田さん、それ英語の本？ 英語の勉強始めたの？

女：あ、これ？

男：留学でもするの？

女：そんな、時間もお金もないよ。アルバイトも忙しいし。

男：じゃ、就職のためか何か？

女：まだ就職のことは何も考えてないよ。

男：そっか。

女：私、アルバイトを始めたでしょ？ そこによく来るイギリス人のお客さんなんだけどね、よく英語で話しかけてくれるの。注文ぐらいならわかるんだけど、たまに何言ってるのか全然わからないんだよね。もっと話せたらいいなって思ったんだ。

男：もしかして恋？ 好きになっちゃったの？

女：違うよ。仲良くなりたいと思っただけ。

男：じゃ、友達になれたら紹介してね。

女の学生は何のために英語の勉強を始めましたか。

4 N3-62 答え 4

レストランで夫と妻が話しています。夫は何を食べることにしましたか。

男：あー、全部おいしそうだね。京子はどれにするかもう決めた？

女：これは悩むね。このお肉の料理もおいしそうだけど、こっちの魚の料理は、うちじゃ絶対作れないと思うんだよね。

男：そうだね。

女：せっかくだから珍しいものを頼みたいな。でもやっぱり今日はお肉かな、スープと一緒に。

男：スープもいいね。でも僕はサラダと一緒にする。

女：じゃ、お肉２つとサラダとスープを１つずつね。

男：いや、僕は魚だよ。だって、うちじゃ作れないってことは、ここでしか食べられないってことだろう？

夫は何を食べることにしましたか。

5 N3-63 答え 2

学校で男の学生と女の学生が話しています。女の学生はどうしてパーティーに遅れましたか。

男：ソンさん、昨日のパーティーどうして遅れたの？

女：時間通りに行こうと思ってたんだけど、昨日急に雨が降ってきたでしょ？

男：そうだけどパーティーが始まるころにはやんでたよね。

女：うん、そうなんだけどね。昨日、朝とても天気がよかったから布団を干してから学校に来たんだ。うちは学校から近いし、一度帰って布団を部屋に入れてからパーティーに行けば大丈夫だろうと思って。

男：うん。

女：で、あの雨でしょう？ 急いで帰ったけど、布団、雨にぬれて重くなってた。そのままにもできないからとりあえず、風呂場に運んで乾かしてたら、電車に間に合わなくて。

男：それは大変だったね。で、布団はまだ使えそうなの？

女：ううん、乾いたけどもうだめだね。古かったからいいんだけどね。捨てることにしたよ。明日ごみに出そうかと思ってるんだ。

女の学生はどうしてパーティーに遅れましたか。

6 N3-64 答え 3

男の人と女の人が話しています。女の人はどうして男の人に赤いペンをあげたくないと言っていますか。

男：ああ、この赤いペンいいね。書きやすい。

女：そうでしょ。同じペンの黒いのも持ってるんだよ。先生にいただいたんだ。

男：偶然同じものをいただいたの？

女：ううん、最初に黒いのを先生にいただいて、とても大切にしていたんだけど一回失くしちゃって。とても残念で、同じものを買いに行ったら、もう売っていなかったんだ。だから、仕方なくその赤いのを買ったんだけど、その後、先生からいただいたのが出てきたの。

男：へえ、よかったね。じゃあさ、もしよかったら赤いほう、もらってもいい？ 書きやすくて気に入っちゃった。

女：えー、だめー！ 高かったんだから。こっちも大切にしてるんだ。

男：ははは、わかったよ。じゃあ、僕も買ってみようかな。

女の人はどうして男の人に赤いペンをあげたくないと言っていますか。

第10週　5日目

ポイント理解 Point comprehension　p.160

1　N3-65　答え　3

食事会で女の学生と男の学生が話しています。男の学生が鶏肉料理を食べないのはどうしてですか。

女：あれ？ タムさん、サラダ食べてないね。どうしたの？

男：うん、実は生の野菜が苦手で。焼いたり煮たりしたものはいいんだけど。

女：そうなんだ。鶏肉も食べてないじゃない。

男：最近、焼き鳥屋でアルバイト始めたんだけど。

女：うんうん。

男：休憩時間に出してくれるご飯がずっと鶏肉料理だったんだよ。鶏肉は大好きだし、味もいいから最初はよかったんだけど、1か月も続いたら飽きちゃって。今は鶏肉料理以外を出してもらってるんだ。

女：食べすぎってわけね。最近、太ったって言ってたから、ダイエットかと思っちゃった。

男：それもしないと、とは思っているんだけどね。

男の学生が鶏肉料理を食べないのはどうしてですか。

2　N3-66　答え　3

会社で男の人と女の人が話しています。交差点に人が集まっているのはどうしてですか。

男：杉山さん、お疲れ様です。さっきから外見て、何かあるんですか。

女：あ、五十嵐さん、お疲れ様です。あの交差点、見てください。

男：わあ！ すごい人ですね。警察の車も止まっているし、交通事故でもあったんですか。

女：いいえ、あれは本物じゃありませんよ。映画を撮っているんです。さっき、ちょうど犯人を捕まえるところを撮影していたんですよ。あの黒いスーツを着た人、見えますか。

男：ええ。ああ、あの人、今若い人の間で人気の俳優さんですよね。だからこんなに集まっているんですね。

女：ええ、私も見に行きたいんですが、そろそろ昼休みが終わるし、無理だなって思いながら見ていました。

男：あそこの交差点、よくテレビの撮影に使われますよね。

女：ええ。この間は、今毎週月曜日に放送しているドラマの撮影をしていましたよ。

交差点に人が集まっているのはどうしてですか。

3　N3-67　答え　1

登山クラブで女の人が話しています。女の人が登山クラブに入った目的は何ですか。

女：はじめまして、田島春子といいます。最近、大阪から東京に引っ越してきました。東京でも、友達を作って楽しく過ごしたいので、クラブに参加することにしました。ちゃんとした登山をするのは初めてですが、趣味は運動で、毎日ジョギングしているので体力には自信があります。あとはお酒を飲むことも大好きです。山登りした後に飲むビールはきっとおいしいと思うので、みんなで飲むのを楽しみにしています！

女の人が登山クラブに入った目的は何ですか。

4　N3-68　答え　3

車の中で男の人と女の人が話しています。男の人は寝る時にどんな音楽を聞くと言っていますか。

男：ミナちゃん、音楽かけてもいい？

女：もちろん。あ、いい感じの曲だね。ダンスしたくなるような曲。

男：特に運転している時はこういうのが聞きたくなるんだよね。静かな曲なんか聞いたら眠くなって危険でしょ。でもね、うちではこういうのは全然聞かないんだよ。例えば、お風呂に入る時なんかは、子どものころ見ていたアニメの曲を聞きながら歌ってるし、夜寝る前はクラシック音楽を聞いてるかな。

女：外国語の曲とかもよく聞く？ 私は、寝る時に英語の曲を聞いてるんだ。こうしたら英語が上手になれるかもしれないと思って。

男：ははは、それで外国語が上手になったら楽でいいね。

男の人は寝る時にどんな音楽を聞くと言っていますか。

5 N3-69　答え　2

学校で男の学生と女の学生が話しています。男の学生は昨日どうして寝るのが遅くなりましたか。

男：あれ？ ナツコちゃん、なんか疲れてるみたいだけど、大丈夫？

女：ああ、うん。昨日あまり眠れなくて……。

男：ああ、最近暑いからね。無理しないでエアコンとか使って、涼しくして寝るといいよ。

女：エアコンなら使ってるよ。でも……。

男：じゃあ、なんで眠れなかったの？ <u>あ、明日の試験勉強？ 僕もそのせいで最近布団に入るのが遅くなってる。</u>

女：コウジくんはテスト前じゃなくても寝るの遅いでしょ。ゲームばっかりしてて。

男：ははは。そうだね。<u>でも、昨日は本当に真面目に頑張ってたんだよ。</u>ナツコちゃんは普段からよく勉強しているんだから、遅くまで試験勉強しなくても大丈夫でしょ。

女：勉強じゃないんだ。私はどうしても見たいドラマがテレビでやってて……。

男：なんだ、そういうことか。試験前なのに余裕でうらやましいよ。

男の学生は昨日どうして寝るのが遅くなりましたか。

6 N3-70　答え　2

歯医者で男の人と受付の人が話しています。男の人が次に来るのはいつですか。

男：すみません。5時に予約してある広瀬です。診察券を忘れてしまったんですが。

女：はい、広瀬さんですね。あれ、広瀬さんのご予約は明日になっておりますが。

男：えっ？ 本当ですか。うーん、待ってもいいので、今日診てもらえないでしょうか。すっかり予約は今日だと思っていたから、明日は予定を入れてしまって。

女：大変申し訳ありませんが、本日はずっとご予約が入っておりまして、最後までお待ちいただくと9時を過ぎてしまうかと思いますが。

男：そうですか。あさっては空いてますか。

女：<u>今日が月曜日</u>なので、水曜日ですね。えー、午前10時からでしたら、予約をお取りできますが。

男：うーん、ちょっと難しいですね。今ぐらいの時間だと、何曜日が空いてますか。

女：えーと、午後5時ですね。金曜日が空いております。

男：ちょっと遅すぎますね。<u>じゃ、やっぱり明日来ます。</u>

男の人が次に来るのはいつですか。

第11週　1日目

概要理解 Summary comprehension　p.162

1 N3-71　答え　2

テレビでアナウンサーが話しています。

女：皆さん、もう夏休みの予定は決まっていますか。夏休みも家事や育児などで忙しくてゆっくり休めないという方も多いのではないでしょうか。今日は、そんな方に少しでもご自宅で快適に過ごしていただきたいと思い、グリーンショップ「ネイチャー」に来ています。こちらには室内でも簡単に育てることができる植物が数多く売られています。<u>昔から、人は緑色を見ると落ち着くと言われています。実際に植物を部屋に置くだけで、いらいらすることが減ったという研究データもあります。</u>あー、ここは植物がたくさんあって本当に気持ちがいいです。皆さんもぜひ、この機会に植物を買ってみてはいかがでしょうか。

アナウンサーは何について話していますか。

1　夏休みの過ごし方
2　緑色とリラックスの関係
3　この店で人気がある植物
4　部屋に置く植物の選び方

2 N3-72　答え　2

卒業式で留学生が話しています。

女：日本に来たばかりのころは一人で電車に乗ることも、出かけることもできませんでした。それに、日本語学校の先生が話す日本語はわかりましたが、アルバイトで日本人が話す日本語は速くてほとんどわかりませんでした。何度も国へ帰りたいと思いました。家族に会いたいと思いました。でも、一度しかない人生ですから、私は頑張りました。ここでの様々な出来事は、私をさらに強く、大きく育ててくれました。今は日本語で困ることはほとんどありません。あの時、諦めて国へ帰らなくて本当によかったと思っています。私はこれからも日本で頑張っていくつもりです。

留学生が伝えたいことは何ですか。

1　困ったら先生に相談すればいいということ
2　いろいろな経験をして成長できたということ
3　日本語が話せれば生活に困らないということ
4　諦めるのは恥ずかしいことだということ

3 N3-73　答え　4

ラジオでペットショップの店員が話しています。

男：最近、ペットを飼う人が増えています。ペットを家族として迎えてくれるご家庭はいいのですが、中にはペットをおもちゃのように考え、飽きたら捨てるという人もいます。これは非常に悲しいことです。ペットはおもちゃではありません。私たちと同じ生き物です。自分がしてもらいたいように、ペットを愛してあげてください。ペットはその何倍も皆さんに愛情を返してくれます。一時的な愛情ではいけません。最期まで面倒をみる自信がない人はペットを飼うべきではないのです。

ペットショップの店員は何について話していますか。

1　ペットのかわいらしさ
2　ペットを捨てる人の特徴
3　ペットの愛情表現の仕方
4　ペットを飼うことの責任

発話表現 Utterance expressions　pp.162-163

1 N3-74　答え　2

先生に聞きたいことがあります。何と言いますか。

女：1　どうぞ何でもお聞きください。
　　2　今、お時間よろしいでしょうか。
　　3　そちらへ伺えばよろしいでしょうか。

2 N3-75　答え　3

雨が降ってきました。やむまで少し待ちたいです。何と言いますか。

男：1　やむまでここでお待ちください。
　　2　やむまでここで待っていただけませんか。
　　3　やむまでここで待たせていただけませんか。

3 N3-76　答え　2

隣の部屋がうるさいので、注意したいです。何と言いますか。

男：1　今、話さなくてもいいですか。
　　2　もう少し静かにしてもらえますか。
　　3　すみません。気をつけます。

4 N3-77　答え　1

部長がいつ帰ってくるか聞きたいです。何と言いますか。

男：1　すみません、部長はいつお戻りになりますか。
　　2　すみません、部長は何時にお帰りになりましたか。
　　3　すみません、部長は外出されていたんですか。

第11週　2日目

概要理解 Summary comprehension　p.164

1 N3-78　答え　2

学校で先生が話しています。

女：明日から春休みです。春休みの間に、これまで勉強したところをしっかりと復習しましょう。春休みの間も、学校の図書室は午前9時から午後6時まで開いています。先生たちは職員室にいますから、わからないところは、職員室に来て担当の先生に聞くことができます。このクラスは特に宿題は出しませんが、ほしい人にはプリントをあげますので、この後でも春休み中でも、私のところに来てください。それから、体育館や音楽室を使う場合は、予約と許可が必要です。使用したい日の前日の午前中までに学校に電話してください。では、体に気をつけて、楽しい春休みを過ごしてください。アルバイトを考えている人はこの後、アルバイトをする時の注意点について話しますので、帰らずに残ってください。

先生は何について話していますか。

1 春休み中の宿題のやり方
2 春休み中の学校の利用
3 春休み中の楽しみ方
4 春休み中のアルバイト

2 N3-79 答え 3

テレビで医者が話しています。

男：これから気温が高くなると、増えるのが「熱中症」という病気です。熱中症になると、体温が上がって、頭が痛くなったり、吐き気がしたりします。それを防ぐには、暑い日は外出をせず、涼しいところで過ごすのが一番いいのですが、外出する場合は、帽子や日傘を使用し、汗をよく吸って乾きやすい服を着るようにしてください。そして、必ず定期的に水分を取りましょう。水分はただの水でなく砂糖や塩が入っているものがいいです。スポーツドリンクはとてもいいですね。

医者は何について話していますか。

1 熱中症になりやすい人の特徴
2 熱中症になる前の体の状態
3 熱中症にならないための方法
4 熱中症になった時にすべき行動

3 N3-80 答え 1

動物園の飼育員が園内放送で話しています。

男：ご来園、ありがとうございます。皆様にご案内です。先月11日にアビシニアコロブスの赤ちゃんが生まれました。アビシニアコロブスはサルの仲間で、東アフリカに多く住んでいます。お母さんの「フローラ」は、初めて赤ちゃんを産みましたが、しっかりと抱いてお世話しています。アビシニアコロブスの赤ちゃんは大人とは違って、全身が真っ白です。生まれてから2か月ほどすると、大人と同じ黒い毛になっていきます。えさの時間は、お母さんが食べるのに夢中になって、赤ちゃんから手を離すことがあるので、赤ちゃんの姿がよく見えると思います。アビシニアコロブスは、「世界のサルコーナー」で見ることができます。今しか見られない真っ白な赤ちゃんをぜひご覧ください。また、赤ちゃんの名前もこれから募集する予定です。

飼育員が話している目的は何ですか。

1 見てほしい動物の紹介
2 動物のえさの時間の案内
3 動物の子育て方法の紹介
4 動物の赤ちゃんの名前の発表

発話表現 Utterance expressions pp.164-165

1 N3-81 答え 2

昨日学校を休んだので、友達にノートを借りたいです。何と言いますか。

女：1 昨日のノート、見てもらえる？
2 昨日のノート、見せてくれない？
3 昨日のノート、見てほしいんだけど。

2 N3-82 答え 2

友達がお見舞いに来ました。何と言いますか。

女：1 思ったより、元気そうで安心したよ。
2 おかげさまで、だいぶよくなったよ。
3 治ったからといって無理をせずに、お大事にね。

3 N3-83　答え　1

昨日のパーティーはとても楽しかったです。参加しなかった友達に何と言いますか。

男：1　来ればよかったのに。
　　2　来てくれたから楽しかったよ。
　　3　来るなんて思わなかったよ。

4 N3-84　答え　3

友達がまだ使えるテレビを捨てようとしています。何と言いますか。

男：1　いい加減なことをしたね。
　　2　かわいそうだったね。
　　3　もったいないなあ。

第11週　3日目

概要理解 Summary comprehension　p.166

1 N3-85　答え　4

うちで夫と妻が話しています。

男：あれ？ 早速新しいシャンプー使ってみたの？ いい匂いがする。

女：うん。確かに匂いはいいんだけどね。

男：けど？

女：乾かした後、髪の毛が固い感じがするんだ。

男：ふーん。見た感じはきれいだよ。

女：そう？ 髪の毛にいいシャンプーだって書いてあったから、楽しみにしてたんだけど。

男：何日か使い続けないと、自分に合っているかはわからないし、少しの間使ってみたら。

女：うーん、どうしようかな。捨てるわけにもいかないし、そうしようかな。

妻は新しいシャンプーについてどう思っていますか。

1　思っていたとおりだった。
2　思っていたよりも髪の毛がきれいになった。
3　思っていたよりも香りがよかった。
4　思っていたほどよくなかった。

2 N3-86　答え　2

高校の文化祭で女の生徒が放送をしています。

女：こんにちは！ 放送部です。今日は私たちの学校の文化祭にお越しくださってありがとうございます。お楽しみいただいていますか。今、一番楽しいイベントを考えたクラスを決めるための投票を1階の食堂で行っております。あと30分で締め切りですので、お早めにお願いいたします。どのクラスも今日のために頑張って準備をしてまいりましたので、皆様に参加していただけたら大変嬉しく思います。参加された方には小さなプレゼントもご用意しております。ぜひご協力お願いいたします。

女の生徒が一番言いたいことは何ですか。

1　文化祭に来てほしい。
2　投票に参加してほしい。
3　文化祭を楽しんでほしい。
4　楽しいイベントを準備してほしい。

3 N3-87　答え　3

会社で男の人と女の人が話しています。

男：村山さんって、通勤方法を自転車に変えたんですか。

女：そうなんですよ。片道20分くらいだから、いい運動になってます。

男：前は電車とバスを使って、片道40分くらいだって言ってましたよね。自転車でだいぶ楽になったでしょう。

女：はい。前は電車で一度町の中心に出ないと、会社へのバスに乗れなかったので、不便だったんです。北川さんは、おうちから会社までバスで20分くらいですよね。便利そうでうらやましいです。

男：まあね。でも、自転車は風が気持ちよさそうだから、僕もバス通勤をやめて、自転車通勤に変えちゃおうかな。

女：えー、もったいない。私は通勤時間は短ければ短いほどいいと思って変えただけなんですよ。自転車に乗るのは嫌いじゃないですけど、雨の日なんかは乗れないし……。できれば北川さんみたいにバスで一本のところに引っ越したいです。

女の人が自転車通勤をしている理由は何ですか。

1　いい運動になるから
2　風が気持ちいいから
3　電車やバスを使うより早いから
4　自転車が好きだから

発話表現 Utterance expressions　pp.166-167

1　N3-88　答え　3

他の町に引っ越すことを近所の人に伝えたいです。何と言いますか。

女：1　引っ越していただきます。
　　2　引っ越してまいりました。
　　3　引っ越すことになりました。

2　N3-89　答え　1

バスが来なくて、友達がいらいらしています。何と言いますか。

男：1　そのうち来るよ。
　　2　いつの間にか来ていたね。
　　3　たまに来るよ。

3　N3-90　答え　2

出かける日に雨が降って、子どもががっかりしています。何と言いますか。

女：1　どきどきするね。
　　2　仕方がないよ。
　　3　早く乾くといいね。

4　N3-91　答え　3

スープができてから、時間がたってしまいました。何と言いますか。

女：1　寒くなったから、温まってね。
　　2　凍っちゃったから、溶かさなきゃね。
　　3　冷めちゃったから、温め直してくれる？

第11週　4日目

概要理解 Summary comprehension　p.168

1　N3-92　答え　1

ラジオでアナウンサーが話しています。

女：あさっては父の日ですね。先週、この番組をお聞きの皆さんに、スマホで父の日についてのアンケートを行ったところ、面白い結果が出ました。まず、「お父さんにプレゼントを贈るか」という質問に「はい」と答えた人は64％でした。また、プレゼントを贈ると答えた人に「自分のお父さんはどんな人か」と質問すると、「家事を積極的に行っている」という答えが83％で、プレゼントの金額も、家事をよくするお父さんほど高いという結果でした。一方、「子どもからもらいたいものは何か」というお父さんへの質問に対しては、物ではなく「ありがとう」や「大好き」といった感謝や愛情の言葉、と答える人が多かったです。この番組を聞いているお父さん方、あさっては期待できそうでしょうか。

アナウンサーは、父の日のプレゼントについてのアンケートで、何がわかったと言っていますか。

1　贈る人の割合と、贈ってもらえる父親のタイプ
2　贈る人の割合と、人気のプレゼント
3　贈らない人の割合と、贈ってもらえない父親のタイプ
4　贈らない人の割合と、その理由

2　N3-93　答え　3

テレビで専門家が話しています。

男：皆さん、突然ですが、疲れているのに眠れない、寝たいのに眠れない。そんな時はありませんか。温かいミルクを飲むのも、軽く体操をするのもいいと思いますが、一度起きてそんなことをするのは面倒ではないでしょうか。眠れないのは体に力が入っているからです。それなら力を抜けばいいのです。ゆっくり息を吸いながら一度体に力を入れて、ゆっくり息を吐きながら全身の力を抜いてみてください。これを2、3分繰り返すと、だんだん眠

くなってきますよ。
専門家は何について話していますか。

1　ミルクを飲むタイミング
2　体操の仕方
3　眠くなる方法
4　疲れと呼吸の関係

3 N3-94　答え　2

カフェで男の留学生と女の留学生が話しています。

男：今日はこのカフェ、がらがらだね。
女：がらがら？ 音がするの？
男：「がらがら」は確かに音を表すこともあるけど、今言ったのはお客さんが少ないって意味だよ。
女：えー、日本語の表現は難しいなあ。例えば、アルバイトの先輩も「ごみを捨てておいて」って言うかわりに、「ごみをポイしておいて」とか言うんだよ。わかりにくくて……。ソウさんはどうやってそんなにいろんな言葉を覚えたの？
男：うーん、僕は日本語のテレビをよく見ているから、それでかな。さっきの「がらがら」もテレビで見たんだ。
女：ふーん。他にも面白い言葉、見つけた？
男：うーん、「おなかがぺこぺこ」も面白いよね。おなかがすいても、そんな音はしないのに。
女：ああ、それは私も知ってる！ あーあ、私、本当におなかがぺこぺこになっちゃった。何か食べようよ。

二人は何について話していますか。

1　カフェの客の様子について
2　日本語の面白い表現について
3　テレビを使った日本語の勉強方法について
4　アルバイトで困ったことについて

発話表現 Utterance expressions　pp.168-169

1 N3-95　答え　3

靴を試着したいです。何と言いますか。

女：1　この靴をはいてみてくださいませんか。
　　2　この靴をはかせてもいいですか。
　　3　この靴をはいてみてもいいですか。

2 N3-96　答え　2

ホテルでシャワーの水が熱くなりません。何と言いますか。

女：1　お湯がほしいんですが。
　　2　お湯が出ないんですが。
　　3　お湯になっているんですが。

3 N3-97　答え　3

子どもがパズルをしています。何と言いますか。

男：1　ちょうどできたところだね。
　　2　よく最後までできたね。
　　3　もうすぐ完成だね。

4 N3-98　答え　2

電車が止まっていて学校に遅れます。友達に先生への伝言を頼みたいです。何と言いますか。

男：1　先生に言ってもいいんだけど。
　　2　先生に伝えてほしいんだけど。
　　3　先生に教えたらいいと思うんだけど。

第11週　5日目

概要理解 Summary comprehension　p.170

1 N3-99　答え　2

ラジオで防災の専門家が話しています。

男：最近、何日も雨が降り続け、道路が川のようになってしまうことがあります。その水が家の中にまで入る危険がある場合は、安全なところに避難しなければなりません。その時、足がぬれないように長靴をはく人もいるかもしれませんが、川のようになった道路では危険です。水が長靴の中に入って重くなり、歩きにくくなってしまうからです。逆にサンダルもだめです。今度は瓶や缶、石などを踏んでけがをする恐れがあるからです。一番いいのは脱げにくくて歩きやすいスニーカーです。また、水の中には危険なものが落ちていたり、急に深くなっていたりすることがあります。

避難する時は傘などの長い棒のようなもので、足元を確認しながら歩くようにしましょう。
専門家は主に何について話していますか。

1 最近の大雨の原因と特徴
2 大雨で避難する時の注意点
3 大雨の時に避難するかを判断する基準
4 大雨の時の靴と傘の選び方

2 N3-100 答え 3

うちで夫と妻が話しています。
男：ねえ、もう駅前に新しくできたスーパーに行った？
女：ああ、あそこね。まだ行ってないけど、結構人気があるみたいだね。いろんなものが売っていて、値段も安いんだって。毎日とても混んでいるみたい。
男：そうそう。でも、少ない量では売っていないから、子どもがたくさんいるような家庭向きらしいよ。僕たちが買うと食べ切れなくてもったいないかな。行ったらほしくなっちゃうだろうし。
女：ものによっては長く保存できるし、何か買ってみたいな。海外から輸入した商品も多くて楽しそうだし。生じゃないお菓子とかならいいんじゃない。今度行こうよ。
男：まあ、いいけど、あまり買いすぎないでね。しまう場所も少ないんだから。
女：わかったわかった。
夫は新しいスーパーについてどう思っていますか。

1 値段が安くて得なのでぜひ行ってみたい。
2 海外のお菓子に興味がある。
3 量が多すぎるので買うのは心配だ。
4 混んでいるようなので行きたくない。

3 N3-101 答え 4

ラジオでスポーツ選手が話しています。
女：私は、運動が苦手なお子さんに無理に練習をさせると、運動を嫌いになってしまうと思うんです。私も子どものころ、母に無理やり水泳を習わせられて、水泳が嫌いになりそうになりました。そんな時、父が海に連れて行ってくれて、そこでイルカと一緒に泳いだんです。本当に感動しました。泳げるってすごいんだって。父にはとても感謝しています。させられているのではなくて、させてもらっているって思えるようになってからは、水泳の練習が楽しくなりました。
スポーツ選手は何について話していますか。

1 スポーツが苦手な子どもの特徴
2 水泳が嫌いになった理由
3 海でイルカと泳ぐことの難しさ
4 水泳の練習が嫌ではなくなった出来事

発話表現 Utterance expressions pp.170-171

1 N3-102 答え 1

病気の原因を調べたいです。何と言いますか。
女：1 検査しましょう。
2 実験しましょう。
3 訪問しましょう。

2 N3-103 答え 1

道を歩いている人に質問します。何と言いますか。
男：1 すみません、インタビューよろしいでしょうか。
2 すみません、アドバイスさせていただけませんか。
3 すみません、ヒントをいただいてもいいですか。

3 N3-104 答え 3

子どもに字を教えます。何と言いますか。
女：1 ここに書いたらだめだよ。
2 どこに書いたらいいですか。
3 このとおりに書いてみて。

4 N3-105 答え 2

めがねを探しています。どこにあるか知りたいです。何と言いますか。
男：1 前はよく見えたの？
2 ここに置いたはずなんだけど、知らない？
3 ちょっとかけてみてもいい？

第12週　1日目

即時応答 Quick response p.172

1 N3-106　答え　1

男：このチームはリーダーを中心によくまとまっていますね。

女：1　ええ、みんなリーダーを信頼しています。

2　ええ、もうちょっと離れたほうがいいですね。

3　ええ、リーダーはちょうど今、真ん中にいますよ。

2 N3-107　答え　3

女：そこで何ぼんやりしてるの？

男：1　ここで？ すぐするよ。

2　めがねがあるから大丈夫だよ。

3　ちょっと考え事をしてたんだ。

3 N3-108　答え　2

男：やっぱり、夏は海に限るよね！

女：1　うん、たまには違うところに行きたいよね。

2　うん、暑い時は海が一番だね。

3　うん、絶対行きたくないよ。

4 N3-109　答え　1

女：あれ？ 変だな。このドア、開かないよ。

男：1　そこは開かないようになってるんだよ。

2　本当だ。しっかり鍵をかけとくね。

3　じゃあ、閉めてみてくれない？

5 N3-110　答え　1

男：さっき先生に呼び出されたんだ。僕何かしたかな。

女：1　何もしてないなら心配しないで早く行ってきたら？

2　本当に何を出されたか覚えてないの？

3　呼べばよかったのに、なんで何もしなかったの？

6 N3-111　答え　2

女：狭い家ですが、どうぞお上がりください。

男：1　どういたしまして。

2　お邪魔します。

3　いただきます。

7 N3-112　答え　2

女：どうしよう。まだ授業があるのに、おなかいっぱい食べたら、眠くなってきちゃった。

男：1　じゃ、少し休んでから食べに行こう。

2　顔でも洗ってさっぱりしてきたら？

3　そんなに寝て来たんだ。

8 N3-113　答え　1

男：梅沢さんはこちらには長く住んでいらっしゃるんですか。

女：1　ええ、20年ほどになります。

2　ええ、先週引っ越してきたところです。

3　ええ、いい会社なので長く続けています。

9 N3-114　答え　2

男：大学生になったので、これからいろいろなことにチャレンジしたいと思っています。

女：1　へー、もうそんなこと試してみたの？

2　うん、きっといい経験になると思うよ。

3　うわあ、ずいぶんいろいろやってきたんだね。

第12週　2日目

即時応答 Quick response p.173

1 N3-115　答え　2

男：山本さん、これ食べないの？

女：1　うん、食べたことないよ。

2　うん、嫌いなんだもん。

3　うん、おなかがぺこぺこなんだ。

2 N3-116 答え 1

女：最近、本当に暑いですよね。

男：1 はい。こう暑くては何もする気になれませんよ。

2 はい。それほど暑いわけではないですよね。

3 はい。少し冷ましたほうがいいですよ。

3 N3-117 答え 1

男：これ、出張のお土産です。1つどうぞ。

女：1 ありがとうございます。いただきます。

2 ありがとうございます。伺います。

3 はい。お召し上がりください。

4 N3-118 答え 3

女：雨はまだ強く降ってるんですか。

男：1 うん、しとしと降ってるよ。

2 うん、ぽつぽつ降ってるよ。

3 うん、ざあざあ降ってるよ。

5 N3-119 答え 2

男：この町は、水泳が盛んなんですよ。

女：1 ええ、泳げそうにもないですね。

2 へえ、海も近いし、この町らしいですね。

3 それで、どんなスポーツが人気なんですか。

6 N3-120 答え 1

男：渡辺部長が会議に出られなくなったそうですね。

女：1 ええ、部長にかわって私が出席します。

2 ええ、部長とともに私も出席します。

3 ええ、部長について私も出席します。

7 N3-121 答え 3

男：この商品、なかなか売れませんね。

女：1 売り切れなら、仕方がないですよ。

2 とても人気がありますからね。

3 値下げしたらどうですか。

8 N3-122 答え 3

女：犬を飼ってもいいけど、ちゃんとお世話しなきゃだめだよ。

男：1 うん、絶対いじめるよ。

2 うん、絶対お世話になるよ。

3 うん、絶対かわいがるよ。

9 N3-123 答え 2

女：2つ目の駅で乗り換えるのを忘れないでね。心配だな。

男：1 うん、ちゃんと買って帰るよ。

2 大丈夫。何度も行ったことがあるから。

3 うん、忘れ物はないよ。

第12週 3日目

即時応答 Quick response

p.174

1 N3-124 答え 2

男：私、国へ帰るつもりなんです。

女：1 本当にこの町はふるさとに似ていますね。

2 いつですか。その前にまた会いましょうよ。

3 久しぶりにご両親に会えてよかったですね。

2 N3-125 答え 1

女：先生、この作文は書きかけなんです。

男：1 じゃあ、書き終わったら出してください。

2 でも、早く書き始めないと終わらないですよ。

3 よく最後まで書きましたね。

3 N3-126 答え 3

男：あっ！ お皿が割れてる！

女：1 本当だ。つるつるだね。

2 本当だ。きらきらだね。

3 本当だ。ばらばらだね。

4 N3-127 答え 3

女：最近、食欲はありますか。

男：1 はい、まだ冷蔵庫に入っているはずです。

2 はい、9時に友達に会います。

3 はい、三食しっかり食べています。

5 N3-128 答え 1

男：おい、部屋を片付けろよ。お母さんに怒られるよ。

女：1 お兄ちゃん！ 命令しないでよ。

2 お兄ちゃん！ 遠慮しないで言ってよ。

3 お兄ちゃん！ それは秘密だよ。

6 N3-129 答え 2

女：あなたの気持ちはわからないこともないです。

男：1 どうしてわからないんですか。

2 少しでもわかってくれたなら嬉しいです。

3 ぜひ、わかってあげてほしいです。

7 N3-130 答え 1

男：あれ？ 社長は今日、何をお召しになっていたか覚えてる？

女：1 はい、黒いスーツでしたよ。

2 はい、カレーライスでしたよ。

3 はい、この資料の作成ですよ。

8 N3-131 答え 3

女：来年、大学を受験します。

男：1 よろしくお願いします。

2 おめでとうございます。

3 頑張ってください。

9 N3-132 答え 3

男：山田くんって、ちょっと先生みたいだね。

女：1 そうだね。私も将来先生になりたいな。

2 ああ、先生なら教室にいたよ。

3 うん、彼はいろいろ知ってるよね。

第12週 4日目

即時応答 Quick response p.175

1 N3-133 答え 2

男：もう少し痩せたいんだ。

女：1 野菜を食べてばかりだよ。

2 もっと運動したらどうかな。

3 ダイエットに決まってるよ。

2 N3-134 答え 1

女：うわあ、頭に虫が止まった！ お願い、取って！

男：1 わかったから、ちょっとじっとしてて。

2 わかったから、しっかりつかまってね。

3 わかったから、そんなにいらいらしないで。

3 N3-135 答え 2

女：見て。新しいかばんを買ったんだ。

男：1 このリズム、最高だね。

2 素敵なデザインだね。

3 スタイルがいいね。

4 N3-136 答え 3

男：あのレストランくらいおいしい店はないよ。

女：1 もう絶対に行きたくないね。

2 どこにあるんだろうね。

3 そこに行ってみたいな。

5 N3-137 答え 1

女：村田さんは熱心だね。

男：1 うん、誰よりも頑張ってるよね。

2 うん、ちょっと体調が悪いみたい。

3 うん、さっきもまた休憩してたよ。

6 N3-138 答え 2

男：デザート、早めに準備していただけますか。

女：1 はい、作ってすぐが一番おいしいです。

2 はい、でき次第、持ってまいりますね。

3 はい、もう食べ始めてください。

7 N3-139　答え　3

女：レポートの締め切りが近いんです。

男：1　出口はあっちですよ。

　　2　便利そうでいいですね。

　　3　大丈夫、間に合いますよ。

8 N3-140　答え　1

男：この国では子どもの時から英語で授業を受けるんだって。

女：1　それは英語が上手になるわけだね。

　　2　英語が上手だったらいいのにね。

　　3　だからなかなか英語ができるようにならないんだね。

9 N3-141　答え　3

男：私の妹は病気がちなんです。

女：1　とても健康なんですね。

　　2　明日にはよくなりますよ。

　　3　それは心配ですね。

第12週　5日目

即時応答 Quick response

p.176

1 N3-142　答え　2

男：佐々木先生は授業では厳しい反面、困った時はいつでも助けてくれる優しいところもあるんだよ。

女：1　いつも優しいならよかったね。

　　2　へえ、いい先生なんだね。

　　3　それで、いつも厳しくしてるんだ。

2 N3-143　答え　3

男：はい、コーヒーお待ちどおさま。

女：1　はい、ごちそうさまでした。

　　2　まだ待たせるの？

　　3　ありがとう。

3 N3-144　答え　3

男：昨日妹さんと食事に行くって言ってたけど、どうだった？

女：1　すごくよかったみたいだよ。今度一緒に行こうよ。

　　2　どこに行こうか迷ってるんだよね。おすすめの店ある？

　　3　それが、予約して行ったのに1時間も待たされたんだよ。

4 N3-145　答え　2

女：お弁当持ってきたの？ うわあ、おいしそうだね。

男：1　うん、おいしくて全部食べちゃったよ。

　　2　初めて自分で作ってみたんだ。

　　3　いいな、僕にも食べさせて。

5 N3-146　答え　2

女：ロスさん。実はロスさんに借りている本、汚しちゃったんです。

男：1　えっ、そんなに汚れていましたか。

　　2　気にしなくていいですよ。

　　3　私が借りている本はありませんよ。

6 N3-147　答え　1

男：ねえ、この箱ずっと置いてあるよね？ 使わないなら捨てたら？

女：1　いらないわけじゃないよ。いつか使おうと思って取ってあるんだよ。

　　2　そうやって、自分が使わないからって置いていかないでよ。

　　3　捨てるなら私にちょうだいよ。ちょうどこういう箱探してたんだ。

7 N3-148　答え　3

男：楓ちゃんと結婚できるなんて、まるで夢のようだよ。

女：1　プロポーズ、うまくいくといいね。

　　2　結婚してたなんて、全然知らなかったよ。

　　3　よかったね。おめでとう。

8 N3-149　答え　3

女：今から面接に行くんだよね？ シャツのボタン、ちゃんと閉めたら？

男：1　うん、破れてた。

2　本当だ、取られてた。

3　あ、外れてた。

9 N3-150　答え　2

男：こんなにたくさんクッキーをもらっても、一人じゃ食べ切れないよ。

女：1　大丈夫だよ、それよく切れるから。

2　じゃ、少し友達に分けてあげたら？

3　これで足りないなんて信じられないよ。